中等职业教育通用基础教材系列

中华优秀传统文化

主编 / 尤根地　张寿奎　王永成

中国人民大学出版社
·北京·

本书编委会

主　编　尤根地　张寿奎　王永成

副主编　乔晓菲　林　静　尹园园　李　英　刘　刚

编　委　邱锡凰　孔　亮　陈志松　庞自巧　张子来

致同学

亲爱的同学们，你们看过中央电视台的《中国诗词大会》节目吗？喜欢看吗？是不是被节目中选手的对答如流所深深吸引，并对他们无限敬佩？是不是希望自己也能够像那些选手一样张口就能来句“明月松间照，清泉石上流”？你们看过湖南卫视播出的《中华文明之美》节目吗？如果看过，你一定对节目中老夫子和小阿毛讲述的中华传统文化礼仪和传统习俗非常感兴趣，不禁感叹：作为中华民族子孙，我骄傲！

2017年3月3日政协第十二届全国委员会第五次会议在人民大会堂开幕，会议开幕之前，教育部党组书记、部长陈宝生作为首位通过“部长通道”的部长，接受中外媒体采访。一位记者抢先发问：“听说您非常喜欢看《中国诗词大会》，是否意味着将加大传统文化在学校教育当中的比重?”陈宝生听到后，感叹：“嗯，好问题！《中国诗词大会》，激起了我们老百姓、人民群众对于中华诗词的热爱。”

这个原创节目的成功，激起了人民群众对中华诗词的热爱，很多人看了节目之后，激活了脑海中对过去背的那些诗词的记忆；更激发了人民群众学习中国优秀传统文化的热情，为优秀传统文化进校园探索路径、积累经验。为认真贯彻党的二十大精神，进一步落实中共中央办公厅、国务院办公厅《关于实施中华优秀传统文化传承发展工程的意见》和教育部《完善中华优秀传统文化教育指导纲要》等文件精神，完成立德树人的根本任务，在新形势下，我们要进一步推动中华优秀传统文化走进校园，走进同学们中间。

那么，中职生为什么要学习中华优秀传统文化? 中华上下五千年的历史，虽有坎坷，但从未间断，我们作为中华民族子孙，更应该把中华文脉薪火相传。

一、学习中华优秀传统文化可以增强民族自豪感和爱国情怀

当今世界局势存在不稳定因素，各类辱华事件时有发生，我们中职生作为国家的希望，要时刻保持爱国主义精神。学习中华优秀传统文化，可以增强我们的民族自信心与自豪感，将爱国主义精神发扬光大。

二、学习中华优秀传统文化有助于人们加深对祖国历史的理解

中国传统文化犹如波澜壮阔的长江大河，滋润了中国人民的心田，陶铸了中华民族的性格。又如宏大的历史画卷，具体生动地反映了我们民族的荣辱兴衰，蕴含着丰富的历史经验和教训。因此，学习中华优秀传统文化，可以察古鉴今，彰往而知来。今天的历史是昨天历史的发展，其间，有内在的连续性和一贯性。从这个意义上说，中国传统文化是一笔巨大的财富。只要善于寻求，一定能给予我们学生多方面的启发。

三、学习中华优秀传统文化可以提高个人的文化素养和思想品位

中国传统文化底蕴厚重，格调高雅，哲理深邃，意境高远，具有强烈的感染力。不要说其全部的思想和著作，即使是一家一派，一人一事，乃至一篇一章，一则格言，一首诗歌，一幅绘画，一段乐曲，一帧书法……往往都给人以巨大的艺术享受或深刻启迪，从而产生强烈的共鸣，回味无穷，终生难忘。学习中华优秀传统文化，可以在不知不觉中，达到陶冶情操、砥砺道德、摆脱庸俗、提高境界的功效。

一个人的传统文化修养，往往与精神气质、言谈举止、仪表风度等密切相关，作为一个中国人，尤其是朝气蓬勃的中职生，如果对于中国传统文化知之甚少，那不仅是莫大遗憾，还有可能被人看作是浅薄的表现。因此，我们更要学好中华优秀传统文化！

同学们，当你打开这本书，展现在你面前的将会是一幅体现中华优秀传统文化的精美画卷！你与上下五千年的中华文明又近了一步！

目录

第一章　传统文化与文化传统 …… 1

第一节　传统文化与文化传统概述 …… 1

第二节　文化自信 …… 4

第二章　中国服饰文化 …… 8

第一节　基本概况 …… 8

第二节　中国古代服饰 …… 17

第三节　中国近现代服饰 …… 33

第四节　江苏特色服饰 …… 38

第五节　趣味小故事 …… 41

第六节　拓展延伸 …… 44

第三章　中国饮食文化 …… 50

第一节　基本概况 …… 50

第二节　中国古代饮食 …… 52

第三节　中国近现代饮食 …… 59

第四节　江苏特色饮食 …… 63

第五节　趣味小故事 …… 66

第六节　拓展延伸 …… 68

第四章　中国建筑文化 …… 73

第一节　基本概况 …… 73

第二节　中国古代建筑 …… 77

第三节　中国近现代建筑 …… 87

第四节　江苏特色建筑 …… 91

第五节　趣味小故事 …… 96

第六节　拓展延伸 …… 99

第五章　中国交通工具文化 …… 112
第一节　基本概况 …… 112
第二节　中国古代交通工具 …… 113
第三节　中国近现代交通工具 …… 120
第四节　江苏特色交通工具 …… 127
第五节　趣味小故事 …… 132
第六节　拓展延伸 …… 135

参考文献 …… 138

第一章

传统文化与文化传统

第一节　传统文化与文化传统概述

同学们，你们知道中国四大民间传统节日是哪几个吗？

百节“年”为首，春节是中华民族最隆重的传统佳节。你们知道过年时人们在门窗上张贴“福”字以及放鞭炮等习俗蕴含的意思吗？

1935 年，中华民国政府将 4 月 5 日定为国定假日清明节，也叫作民族扫墓节。你们知道清明时节人们在祭祀、扫墓时带有什么样的情怀吗？

2009 年 9 月，联合国教科文组织正式审议通过将中国的端午节列入《人类非物质文化遗产代表作名录》，端午节成为中国首个入选世界非遗的节日。大家都知道，端午节的习俗较多，其中龙舟竞渡和吃粽子是较为普遍的，那你们知道这样的习俗表达了人们什么样的精神寄托吗？

2006 年 5 月 20 日，国务院将“中秋节”列入首批国家级非物质文化遗产名录。中秋佳节，天上一轮圆月的清辉洒满人间，一家人团团圆圆在月下赏月、吃月饼，这又寄托了什么样的感情呢？

其实，上面提及的四个节日都属于中华民族的传统文化范畴，而各个节日习俗蕴含的意思，寄托的情怀则属于中华民族的文化传统。显然，传统文化与文化传统是两个不同的概念，它们有着各自的含义、特点，而两者之间又有着不可分割的关系。下面，我们就借助中国现代学者庞朴的《传统文化与文化传统》一文来了解相关知识吧！

一、传统

经过付出巨大代价的社会实验，我们懂得了一个真理：为了走向未来，需要的不是同过去的一切彻底决裂，将过去彻底砸烂，而是应该妥善地利用过去，在过去这块既定的地基上构筑未来的大厦。

这里所要讨论的“过去”，主要指的是传统，即那个在以往的历史中形成的，铸造了过去、诞生了现在、孕育着未来的民族精神及其表现。

二、传统文化

传统文化的全称大概是“传统的文化”，落脚在文化，是对应于当代文化和外来文化而言的。其内容当为历代存在过的种种物质的、制度的和精神的文化实体和文化意识。例如民族服饰、生活习俗、古典诗文、忠孝观念之类，也就是通常所说的文化遗产。

传统文化产生于过去，带有过去时代的烙印；传统文化创成于本民族祖先，带有自己民族的色彩。文化的时代性和民族性，在传统文化身上表现得最为鲜明。

传统文化中的各个成分，在其发生的时候，是应运而生的，在历史上起过积极作用。但时过境迁，它们或者与时俱进，演化出新的内容与形式，如春联、京剧；或者抱残守缺，化为明日黄花，如线装书、黄包车；或者播迁他邦，重振雄风，如武术、中医、茶道；或者昙花一现，未老而先亡，如裹小脚、牌坊。

三、文化传统

文化传统的全称大概是“文化的传统”，落脚在传统。文化传统与传统文化不同，它不具备有形的实体，不可捉摸，仿佛无所在，但它却无所不在，既存在于一切传统文化之中，也存在于一切现实文化之中，还在你我的灵魂之中。文化传统是不死的民族魂。它产生于民族的历代生活，成长于民族的反复实践，形成民族的集体意识和集体无意识。简言之，文化传统就是民族精神，它是无形的。

个体的思想、心理、意念不可能成为文化传统形成的条件，只有民族共同生活中形成的，为全民族所孕育、熟悉、崇尚的心理才能成为文化传统形成的条件。

一般说来，文化传统是一种惰性力量。例如中国的建筑物，不管是过去的四合院，还是现代化的住宅小区，一家与一户之间都会用墙隔开，这体现的就是封闭观念；而坐北朝南则体现了风水观念；外墙一般采用灰淡的冷色调，这些一脉相承的生活习惯，融入了民族的集体无意识，也说明文化传统具有稳定的特性。

当然，文化传统并非一成不变的。因为随着时间的变化，传统中某些成分会变得无处可用而逐渐淡化以至衰亡；生活中某些新的因素会慢慢积淀，并经过筛选，整合成为传统的新成分。例如过去的传统观念中，要求女子“文静、贤淑”，而现在对女子的要求也可以是“开放、富有活力”。这充分说明文化传统具有可变性，而这种变化是缓慢的、渐进的，不是一蹴而就的。

四、传统文化和文化传统的关系

文化传统与传统文化并不一样，两者差别之大，几乎可以跟蜜蜂和蜂蜜的差别相仿佛。概括起来就是，传统文化是外在表现形式，文化传统是精神内核。例如，中国的“龙形图案”是传统文化，而这种图案体现了中国人对龙的崇拜，这就是文化传统。

总之，一个民族的传统与其文化密不可分，相互依存。离开了文化，无从寻觅什么传统；没有传统，也不称其为民族文化。传统文化是文化传统的载体，文化传统是传统文化的内蕴。

第二节　文化自信

先来看下面这个案例：

张老师是某职业学校的一名老师，已过不惑之年的她在职业教育教学一线已经奋斗了二十余年。也许是因为个头不高，整天又笑容满面，活力十足，她颇受学生的喜欢，很有“学生缘”。11 月 1 日这一天，张老师同平常一样完成了教学任务，回到办公室，刚端起茶杯准备喝口水，一个女生喊了声“报告”走进办公室，笑着对张老师说：“老师好，今天过节，送你一袋糖果。”张老师一下愣住了，脑子快速转动，想着“今天过什么节”，可是脑袋里一片空白。张老师于是用谦虚求教的态度，低声地问这个女生：“今天是什么节日啊?”女生笑了，“老师，今天是万圣节，祝你节日快乐!”说完高兴地走出了办公室。张老师拿着一袋糖果，看着女生离去的背影，思索着：今天是“万圣节”，这个节日是干吗的?

张老师立刻上网搜索“万圣节”，才明白这是西方的传统节日，又称“鬼节”，西方人会在这一天举行节日巡游，扮演鬼怪，把这个节日看作是尽情玩闹、讲鬼故事和互相吓唬的好机会，糖果、南瓜、苹果等是这个节日的主要食品。看到这里，张老师恍然大悟，难怪学生会送自己一袋糖果。释疑的同时，张老师又困惑了，她很想问问学生：“孩子们，你们知道我们中国也有‘鬼节’吗? 中国的‘鬼节’是什么时候? 它与西方的‘鬼节’有什么不同? 主要活动是什么? 当你们将西方的圣诞节、情人节、愚人节、感恩节、复活节等节日的日期记得分毫不差，也按照西方人的习俗过着这些节日的时候，还记得我们中国的传统节日有哪些吗? 具体日期是哪天? 你们能传承中华优秀传统文化吗? 你们失去民族的文化自信了吗?”

让我们一起来了解“文化自信”的相关知识吧!

一、文化自信的含义

文化自信是一个民族、一个国家以及一个人对自身文化价值的充分肯定和积极践行，并对其文化的生命力持有的坚定信心。

二、文化自信的底气

“文化自信”只是一句口号、一个理论名词吗? 当然不是。我们提倡的“文化自信”有其深厚根基，是可以真正践行的。因为，我们有优秀传统文化的底蕴，也有在中国革命、建设、改革的伟大实践过程中孕育的革命文化和社会主义先进文化。这种对优秀传统文化的继承和发展，夯实了我们文化建设的根基，奠定了文化自信的强大底气。

1. 博大精深的优秀传统文化

我们有博大精深的优秀传统文化。它能“增强做中国人的骨气和底气”，是我们最深厚的文化软实力，是文化发展的母体，积淀着中华民族最深的精神追求。诸如“自强不息”的奋斗精神、“精忠报国”的爱国情怀、“天下兴亡，匹夫有责”的担当意识、“舍生取义”的牺牲精神、“革故鼎新”的创新思想、“扶危济困”的公德意识、“国而忘家，公而忘私”的价值理念等，一直是中华民族奋发进取的精神动力。

2. 鲜明独特、奋发向上的革命文化

我们有鲜明独特、奋发向上的革命文化。从井冈山精神、长征精神、延安精神、西柏坡精神，到雷锋精神、大庆精神、两弹一星精神，再到航天精神、北京奥运精神、抗震救灾精神，这些富有时代特征、民族特色的宝贵财富，脱胎于中华民族优秀文化传统，同时又在新形势下不断进行着再生再造、凝聚升华，从而为在新的历史条件下推进文化建设奠定了坚实基础。

3. 承前启后、继往开来的社会主义先进文化

我们有承前启后、继往开来的社会主义先进文化。这是一种有生命力的文化，是一种体现人类文明发展进步方向的文化。它是对中华民族优秀传统文化和红色革命文化的继承和发展，是以马克思主义为指导所进行的文化创造。社会主义先进文化的明显特征有：中国特色社会主义的共同理想、以爱国主义为核心的民族精神、以改革创新为核心的时代精神，以及社会主义荣辱观。

总之，我们的文化自信，不仅来自对文化的积淀、传承与创新、发展，更来自当今中国特色社会主义的蓬勃生机，来自实现中国梦的光明前景。

三、增强文化自信的现实意义

1. 文化自信是应对世界多元文化冲突与碰撞的理性支撑

这主要体现在：(1) 文化自信是应对世界多元文化冲突与碰撞的需要；(2) 文化自信是应对强势文化的渗透和侵蚀出现新变化的需要；(3) 文化自信是应对多元文化背景下我国文化安全面临挑战和风险的需要。

2. 文化自信是提升国家文化软实力的观念前提

这主要体现在：(1) 文化自信是解决中华民族传统文化受到冷落的需要；(2) 文化自信是解决西方外来文化受到推崇的需要；(3) 文化自信是解决主流价值观和文化意识受到冲击的需要。

3. 文化自信是实现文化大发展大繁荣及“中国梦”的内在张力

这主要体现在：(1) 文化自信是推动社会主义文化大发展大繁荣的必然要求；(2) 文化自信是实现中华民族伟大复兴“中国梦”的必

然要求。

思想是没有国界的，文化是相互影响的，学习中华优秀传统文化，既能增强中国人的文化自信，也能辐射“一带一路”国家的青少年，增强中国的文化软实力，为人类命运共同体做出新的更大贡献。

第二章

中国服饰文化

第一节　基本概况

服饰在我国的历史源远流长。“中国有礼仪之大，故称夏；有服章之美，谓之华。”华夏民族素有“衣冠王国”“礼仪之邦”之称。有人研究得出，“华夏”这一称谓，是从精美的服饰与悠久的礼仪中得名的。

服饰是人类特有的劳动成果，它是人类最为重视的生活资料之一。在旧石器时代晚期遗址中就发现有穿孔的兽牙、蚌壳、石珠等饰品。新石器时代出现了纺织品，人们可以把自然界的物品加工成适合身体的服饰。然而衣服并不仅仅用来遮身暖体，人们把自己的生活习惯、爱好情趣、风俗文化、观念信仰一定程度地体现在服饰中，这时服饰便具有了文化内涵。服饰文化融合了本民族的传统思想、优秀文化和审美情趣。我们的先民在漫长的历史长河中创造了灿烂的服饰文化。

在中国古代，儒、道、墨等诸子学说构成了中国传统文化的核心。在这些学说影响下，中国服饰的总体形象，是用衣裳包裹人的躯体，以不显露身体为原则，再试图通过浑然一体的外形，表现和谐、统一、天人合一的理念。“天人合一”的思想最早由庄子阐述，后被汉代思想家、阴阳家董仲舒发展成为“天人合一”的哲学思想体系，并构成中华传统文化的思想主体。“天人合一”即天人相应，或天人相通，人和自然在本质上是相通的，故一切人事应顺乎自然规律，达到人与自然的天然和谐。在大自然中，风雷、闪电、雨水、冰雪、苍穹、红日、星辰、白云、莽原、山麓、湖海、花卉、飞禽走兽等世间万物息息相关，构成了大自然互生互长、生生不息的循环美。它为人类的服饰文化提供了丰富的生产资料宝库和艺术创作源泉。大自然为服饰的制作提供了麻、丝、棉等原材料，这些材料经过人们的印、染、编织、绣等工艺被制作成衣物。在中国的传统观念中，服饰的五色对应着阴阳五行。最典型的代表莫过于古代天子的服饰，受“天人合一”的思想影响最为深刻，在冕服、四时衣（至东汉时期改为五时衣）上都呈现出与天地日月星辰、五行相对应的原则。天人合一的思想贯穿了整个服饰文化的发展历史。中国服饰制作一直遵循这样的原则：保暖与美观，展示与象征，以此来协调统一服饰与自然、社会的关系。

服饰的产生和发展与人类社会的演进同步。随着生产力的发展，社会出现了剩余产品，贫富分化不可避免。历史进入阶级社会，由于等级制度的建立，上下尊卑地位的确立，服饰已和贵贱等级联系在一起。相传，黄帝、尧、舜时期“垂衣裳而天下治”；夏政权建立，服饰使用等级差异已初步显现；西周以来，服饰等级逐渐完备，服饰成为阶级社会政治生活的重要组成部分。服饰实现了从遮寒装饰到阶级社会等级功能的演进，等级观念贯穿于中国古代服饰发展的全过程。

例如，古代士族与庶民在首服的佩戴上有明显的阶级分别，士头上用冠，庶民只能用巾。而冠也是分等级的。周制规定，天子、诸侯、大夫最尊贵的礼服用冕冠，南北朝只有皇帝使用冕冠。巾也有不同的等级，秦代平民多用黑巾，俗称“黔首”，汉代奴仆可以用深青色的巾，俗称“苍头”。

从原始社会到今天的现代社会，无论是服饰造型还是色彩搭配，中国社会发展的每一阶段的服饰都有其独特的文化内涵。文化的发展与融合，各朝的审美与思潮，带来了不同的服饰风格：夏商周服饰等级分明，战国服饰生动活泼，秦汉服饰古朴简约，魏晋服饰丰富多彩，隋唐服饰雍容华贵，宋朝服饰朴素淡雅，元朝服饰百花齐放，明朝服饰古典端庄，清朝服饰精美繁复。20 世纪以来，随着西风东渐，民主思潮、革命运动等使封建社会等级制度解体，中国服饰开始走向自由、平等、开放化。

中国服饰文化丰富多彩、博大精深。华夏民族数千年传统文化中影响最深远的儒家仁义思想和尊卑有别、长幼有序的宗法文化，通过服饰体系展示出来，上至帝王天子，下至平民百姓，从首服到足衣、配饰，以及本身的形制、纹饰、色彩和质地，整体着装都需要遵循一定的标准和制度，不可随意更改。下面我们将从中国服饰的外形、结构、面料色彩、装饰图案等方面来介绍中国服饰文化的特征。

一、外形特征

中国服装的主体形式是前开型的大襟和对襟式样。前开衣形成于黄帝时代。中国服装有两种基本形制，即上衣下裳制和衣裳连属制。两种形制在中国几千年的历史中交叉使用。在整个服饰的形成发展上，女子穿上衣下裳式样的服装较多，男子多穿上下连属的各式袍衫。

中国传统服装的外形强调纵向感觉，自衣领部位开始自然下垂，过手的长袖、筒形的袍裙、纵向的装饰等手法，使着装人整体显得修长。自然修长的服装样式使男性显得清秀、女性显得苗条，同时，平顺的服装外形与中国人脸部较为柔和的轮廓线条相称。

二、结构特征

从结构特征看，中式服装采用宽衣肥袖、连身平袖直腰身的平面直线裁剪，无论袍、衫、襦、褂，通常只有袖底缝和侧摆相连的一条结构线，无起肩和袖窿部分，整件衣服可以平铺于地，结构简单舒展。服饰平直宽松，隐约显现温婉流畅的人体曲线美，并且中式服饰多以中轴对称为特征。

以中轴对称为特征的服饰

三、面料、色彩

中国先祖最早的服装原料取之于麻，并且是“牡麻”，即大麻中的雄株。麻是我国特有的植物，欧洲人称为“中国草”，大麻被称作“汉麻”。中国远古的中原地区并不产棉布，除了从自然界中获取毛皮、羽毛外，还以葛、麻、丝帛为原料。葛布是葛藤的茎皮纤维加工而成的。早在 6 900 年以前，中国人就开始养蚕织丝。养蚕、缫丝、织绸是我国先民对世界纺织服装发展做出的杰出贡献。中国人穿棉布较晚，棉花是从印度引进的，到元明之时，棉布才成为人们普遍穿着的衣料。

从色彩上看，自然色彩是最早采用的色彩。阴阳五行学说将五行与五色相配属，并给色彩赋予一定的文化内涵，用木、火、金、水、土来对应青、赤、白、黑、黄。五色为五行的象征，是一切色彩的基本元素，是对天地四时万物本身色彩的一种高度概括和抽象，因此，青、赤、黄、白、黑五种颜色被认为是“正色”。以正色相调配而成的混合色，为“间色”。在古人看来，正色要比间色高贵。在上古时代，黑色被中国的先人认为是支配万物的天帝色彩。它在《易经》中被认为是天的颜色，是众色之王，也是古代史上单色崇尚时间最长的色素系。以老子为代表的道家认为黑色是高居于其他一切色之上的色。据文献资料和考古发现证实，夏代以黑色为尊；夏、商、周时天子的冕服为“玄衣纁裳”，玄色，黑中带青，象征未明之天；纁色，黄赤色，象征大地。因为象征天地，玄黄（纁）色成为中国传统色彩文化中等级最高的一对色彩搭配，应用在帝王服饰中，是权威的象征。后来，随着封建集权专制的发展，人们把对天神黑色的崇拜转向对大地黄色的崇拜，所以形成了“黄为贵”的传统观念。隋唐时期，黄色是帝王日常服饰穿着的颜色。自唐后，天子专用黄色成了中国特有的文化现象，宋元明清亦如此。根据乾隆时期制定的《大清会典》，明黄色只有帝王才可以用。皇帝的冬夏朝服以明黄色为主，明黄色被视为最神圣的颜色，是清代帝王服饰主要的色彩基调，隐喻着统治者至高无上的尊贵地位。

在服饰色彩中，色彩装饰必须暗示人的美德，彰显人性的善良。在阴阳五行学说中，青、赤、黄、白、黑分别与智、信、仁、勇、严五种品德相对应。将色彩比拟人的道德，是自然特性的人格化、道德化的体现。在中国传统戏剧脸谱中，不同的色彩暗示不同人的性格特征，如红色表示忠勇，黄色表示刚猛，黑色表示刚直不阿等。

清朝龙袍

传统服装色彩受阴阳五行学说影响，青、红、黑、白、黄五色在大多数朝代为上等社会专用，表示高贵。在民间，它是人们衣着配色所喜爱和追求的颜色。在中国现代社会中，最具感情色彩的两种颜色是红色和白色。

红色是火与光的色彩，是吉祥之色。它被赋予了驱魔辟邪、护体的重要含义，在中国代表吉祥、喜庆、爱情，红色的服饰一般出现在婚礼、新年等吉祥喜庆的日子。在中国传统的婚礼上，新娘要穿红色的喜服，戴红色的盖头，发饰多为红色或金黄色。这充分表现了汉族传统文化对红色的崇尚之情。

白色在中国象征不幸、死亡、恐惧，是丧事（又称为白事）的代表。从商代以来，中国丧服开始使用“素服”（素衣、素裳、素冠），都是白色。自古以来，在中国的丧礼上，死者家属穿白色的孝服，戴孝帽，很多地区还会在鞋子上粘上白色的布，几乎所有家人的服饰都是白色的。

中国民间对蓝色也有传统喜爱，如蓝印花布、靛蓝蜡染等，蓝色与黄种人的肤色相配，容易协调，可产生柔和的色彩对比效果。

四、装饰图案

从装饰特点看，由于中式服饰是平面直线剪裁，表现二维效果，所以装饰也强调平面装饰。人们的审美情趣多集中在色彩的搭配、图案的设计、刺绣的针法、镶边和绲边的装饰效果上，服饰的衣襟、领、袖、扣、边褶的变化都非常讲究。中国传统对镶嵌绲盘绣工艺的巧妙运用，使中式服装虽造型简练，但纹样色彩斑斓。

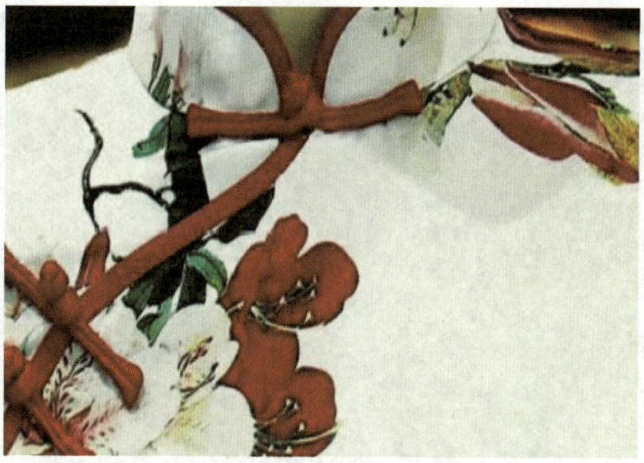

绲边

刺绣，是由绣针牵引彩线在面料上扎刺花纹的工艺，用于服装历史久远。据《尚书》载，远在 4 000 多年前的章服制度，就规定“衣画而裳绣”。精妙的刺绣工艺与丝绸面料配合，使服装充满东方风韵。

1. 中国四大名绣

（1）苏绣以针脚细密、色彩淡雅、绣品精细而著名，具有平、光、齐、匀、和、细、密等特点。

苏绣《柳燕图》

（2）湘绣以写实居多，色彩明快，以中国画为底，衬上相应的云雾山水、亭台楼阁、飞禽走兽，风格豪放。特点是以独特的针法绣出的动物毛丝根根有力。人称湘绣“绣花能生香，绣鸟能闻声，绣虎能奔跑，绣人能传神”。

湘绣

（3）粤绣采用金银线盘金刺绣，绣线平整光亮。构图布局紧密，装饰性强，富有立体感。绣面富丽堂皇、璀璨夺目，多用于戏装、婚礼礼服等。

粤绣《晨曦》

（4）蜀绣构图简练，大都采用传统的民族图案，富有装饰性。色彩丰富鲜艳，针法严谨，虚实适宜，立体感强，平整光滑。

蜀绣《大小熊猫》

2. 镶、绲

除刺绣外，镶、绲工艺在中式服装上运用得也很多。我国春秋战国时期便有了“衣做绣，锦为缘”的做法，丰富的缘饰在装点衣身的同时，加固了布边并保持整体的平整。起初，民间妇女为了让服装更牢固、耐穿，在袖口、领口、衣襟等易摩擦部位镶边加固，即便磨破还可以拆掉再拼一块上去，又可以充分利用边角碎料。后被上层妇女模仿，发展成多镶多绲。“镶”是把物嵌围在衣物的边缘，“绲”是在衣服的边缘缝上布条、带子等装饰物。因为镶绲工艺实用性很强，因此在民间应用很广。清末，市井流行在衣缘处镶、绲装饰，女子衣缘越来越阔，从三镶三绲、五镶五绲，发展到“十八镶绲”。

领、袖边的镶绲

领口的如意镶绲工艺

3. 图案

图案是中国传统元素最直观的呈现，是传统服饰艺术无声的表现。图案表现手法有手绘、染织、刺绣等。我国传统服饰中存在大量的植物图案，以果木、花卉类的植物为主，也有寓意祥瑞的动物图案设计。穿衣人的社会地位对应着不同的服饰图案。普通人不能穿龙、蟒、象、马、飞鱼图案的服饰。这一点在官员的朝服设计上得到充分体现。明清时期，官吏袍服在前胸和后背上缝缀“补子”来标示官员等级，文官绣禽纹，武官使用兽纹。这些补子图案将禽兽本身的特征概念化、标志化，以群众能感能知的形式昭示皇权的神圣。中式服装还喜好运用图案表示吉祥的祝愿，可谓“图必有意，意必吉祥”。从古到今，从高贵绸缎到民间印花棉布，吉祥图案运用极为广泛。吉祥图案始于商周，在唐朝兴盛。唐代牡丹图案盛行，其寓意雍容华贵，象征“大富大贵”。寿字、松鹤图案寓意“延年益寿”，多福用佛手，多寿用桃，多子用石榴、葡萄、葫芦，五只蝙蝠围绕寿字表示“五福捧寿”，梅花、兰花、菊花、松树等图案代表中国古代文人高洁的精神理想。谐音图案、寓意图案、吉祥文字图案是明代之后的常用图案，一直延续下来，内容朴实、清新、丰富，被人们广泛接受。如贵族多用龙凤呈祥、龙飞凤舞、九龙戏珠等图案，不仅隐喻图腾崇拜，而且抒发了“龙的传人”的情感。平民服饰图案更是以百姓喜闻乐见的题材为主：梅花与水浪纹组合，寓意落花流水，比喻早春来朝；与蜜蜂搭配组合，寓意春风得意；与童子骑羊搭配，寓意春阳消寒，比喻万物复苏。

明朝的补服

清朝的补服

第二节　中国古代服饰

一、夏商周时期的华夏服饰

夏商周时期，我国服饰制度开始形成。中原华夏族的服饰是上衣下裳，衣裳在黄帝时期已经出现，到了夏朝逐渐成熟，成形于商朝。

商朝衣裳的特点是“交领右衽，窄袖短身”。“交领”是指领子交于胸前，“衽”指衣襟，“右衽”是指右边衣襟盖住左边的。“窄袖短身”指袖口窄，衣服不长到膝盖。下裳是一条裙子，下遮开裆裤，腰间配一条宽带束腰。周代的衣裳比商代更宽松，更长。周初制礼作乐，对贵族和平民阶层的冠服制度作了详细规定，统治者以严格的等级服装来显示自己的尊贵和威严。

商周贵族服饰

二、春秋战国时期

春秋战国时期在服装方面最重要的变化，是深衣的广泛流行和胡服的出现。

深衣，即把上衣和下裳连为一体，遮蔽全身。无论尊卑，不论男女，都可以穿深衣。深衣的整个形制对后代产生了深远的影响。

胡服的出现源于赵武灵王的服饰改革。赵国位于北方，经常与北方少数民族交战，这时宽袍的劣势显现出来。赵武灵王为提高军队的战斗力，冲破阻挠，下令在全国推广胡服。胡服的特点是短衣、长裤，配上皮革鞋子，衣服紧窄，非常便于活动。贵族穿胡服是种趣味，底层人民穿胡服则是为了便于劳作。

三、秦汉服饰

秦汉时期的代表服饰是袍服。袍在先秦时代已出现。那时的袍服是加了里子、絮了东西的内衣，穿的时候外面要加外衣。到了汉代，内衣演变成外衣。袍服多为广袖，在袖口处收窄，领子低袒，可以露出里衣，衣领、衣袖均有花边装饰，一般在下摆处打一排密裥，按其形状分为曲裾袍和直裾袍，曲裾有绕襟，直裾不绕襟，衣裾在身侧或侧后方。直裾衣型是汉代的流行服饰，这种服饰又宽又长，其领口处的开襟一直向下斜至腋窝的式样，为汉代人所接受。服饰面料和颜色的差异体现出穿衣人不同的身份和社会地位。平民百姓衣着的颜色局限于麻布原色，不带任何装饰性颜色。带有花纹图案等装饰物的直裾只有皇亲贵族和朝廷官员才能穿着。

汉代袍服

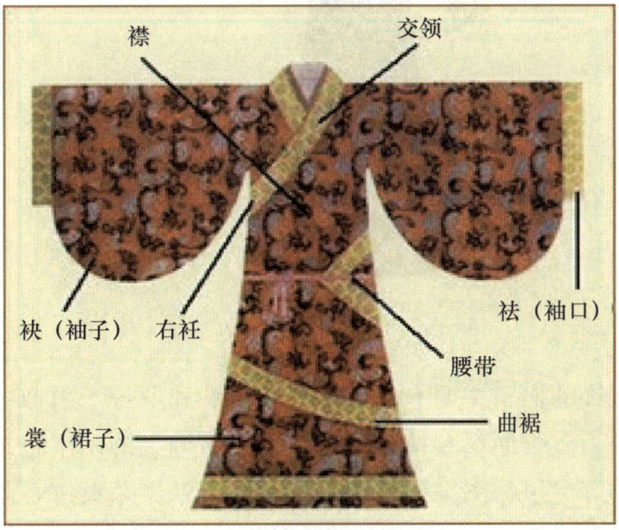

曲裾深衣

襦裙是先秦时代就有的女子穿着，上襦下裙，到了汉代，上襦非常短，裙子很长。直到清代，襦裙的式样也没什么太大的改变。

汉代直裾女服

汉代襦裙

汉代服饰的面料主要有绢、绮、方孔纱和罗等。服饰染色过程中的主要原料为矿物原料和植物颜料。用在服饰上的图案包括植物、几何纹和动物等。植物图案包括莲花纹、卷草纹、茱萸纹，动物图案包括鸟纹、龙纹、麒麟、兽纹等。

汉代已建立了较为完善的服装制度。两汉时期，随着社会经济的发展，服饰也日趋华美。同时，舆服制度确立，致使服饰在等级区分上变得更为严格，如服饰上龙凤图案只有皇帝、皇后才能用。

四、魏晋南北朝服饰文化

魏晋南北朝是我国社会动荡、战乱频繁、人民生活惨遭破坏的时期。这一时期，各族人民的交往增多，少数民族与汉族杂居，汉民的服饰受到胡服的影响，主要表现在以下两个方面：

第一，宽博飘逸的男子装。大袖衫是汉代长衫的进一步宽松化，长及地面，袖口肥大，衣身宽松，领子为交领，开口较大。材质多用丝、纱或绢，轻薄柔软，颜色雅致，尤其偏爱白色，连婚庆喜事都可着白衫。此外还流行裤褶和裲裆。裤褶，上身为短衣，下身为肥大的裤子。裲裆比较有特色，只有前后两片，在肩膀处用带子系紧，腰上束上大带，后来发展成马甲和背心。

竹林七贤穿的均为大袖衫

第二，飘逸的女子衫裙。魏晋南北朝时期的女子日常上装以衫、袄、襦为主，根据季节变化选择，下身以裙为主。此外，长裙配对襟衫也是一种突破，间色裙成为一种流行服装，上衣配以对襟，裙子条纹间色，腰间配一条帛带系扎。

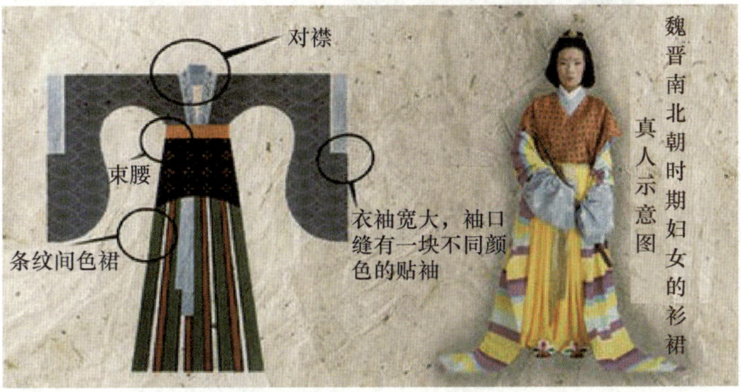

魏晋南北朝时期的女子服饰

着大袖衫的女子

五、隋唐五代服饰

唐朝在中国历史上是一个政治开放、政权稳定、经济长期繁荣的时期，也是中国服装迅速发展、趋于成熟的时期。服装风格大致经历了初唐的清新明丽，盛唐的自由开放、雍容华贵，中唐的绚丽多姿和晚唐的细腻奢靡等几个阶段。

唐朝男子服饰的典型搭配是圆领袍衫配上幞头，此时袍衫盛行圆领，不再是交领。圆领、窄袖，领、袖、襟都没有缘饰，为官员之常服。下层百姓多着短衫。

圆领袍衫

幞头，唐代盛行的帽子，是一种包头的软巾。因为幞头所用的纱罗常为青黑色，所以后代称为“乌纱帽”。软巾内有骨架支撑起来，帽身上的带子叫“幞脚”，开始是软带，后来内加其他硬质物品，做出各种形状。

幞头

1　2　3　4

1. 在髻上加巾子　2. 系二后脚于脑后　3. 反系二前脚于髻前　4. 完成

唐代软脚幞头的系裹（示意图）

唐代女子的服饰，前后多有变化，基本的服装有衫、裙、襦、半臂、披帛等几种样式。盛唐时期的服饰风格是窄袖衫襦、长裙、胡服和女着男装。

短襦　长裙　披帛

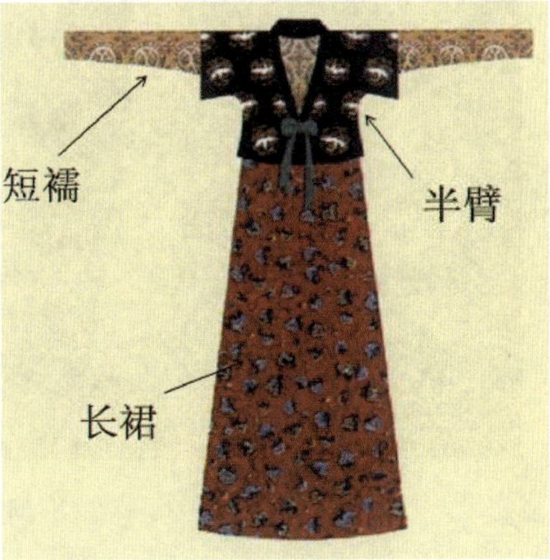

对襟半臂　襦裙

隋代及初唐时期，妇女的短襦都用小袖，下着紧身长裙，裙腰高系，一般都在腰部以上，有的甚至系在腋下，并以丝带系扎，给人一种俏丽修长的感觉。

襦：短上衣，比较厚重，为冬季抵御寒霜的衣物，服色有红翠青紫，上绣禽鸟图案。

衫：为上衣，较为轻薄，是春夏常见的着装，衫上有黄鹂、黄雀等禽鸟图案。

裙：属于下衣。唐代妇女以长裙为美，通常上窄下宽，裙长拖地、裙腰高。款式有轻薄而半透明的笼裙和以多幅布帛连接起来的幅裙，华贵的裙子可以用到七八幅布帛。

半臂：是穿在襦、衫外的短上衣，类似于今天的背心。半臂的袖子由短袖演变为无袖，襟口有对襟，在胸口有结带。也有套衫式，既可束在裙内，也可罩在裙外。

披帛：又称“画帛”，通常以轻薄的纱罗制成，上面印画图案和花纹。长度一般为两米以上，用时将它披搭在肩上，并盘绕于两臂之间。走起路来，不时飘舞，非常美观。

宽袖衫：盛唐之后，女装出现了衣衫渐宽、袖子放大的趋势。《簪花仕女图》中女子长裙提至胸前，袒露胸背、裸臂，仅披纱罗。

广袖衫裙

女着男装：唐代女着男装的风气最早在宫廷中流行，即圆领袍衫，戴幞头，穿乌皮靴。女子尽情地展示自己的美丽。

唐代女着男装

女着胡服：受胡舞的影响，女穿胡服成为唐代女装的又一大特点。典型装束是头戴浑脱帽，身着窄袖紧身翻领长袍，下着长裤，脚蹬高靿革鞋。

女着胡服

六、宋代服饰

每个朝代总会继承前朝的很多东西，宋朝也是如此。宋代的服饰大体沿袭唐制，例如男子的圆领袍衫，宽大的袖子，女子的披帛、半臂。但在服装式样和名称上略有差异。宋代仍然是我国经济大发展的时代，非常不同于唐代的是，程朱理学是这个朝代的主流文化，讲求“存天理，灭人欲”，强调各种礼节。服饰更多的是浅色，注重实用，遮挡得比较严实。针对女子的要求越来越多，把女子严格限制在家，缠足已开始出现。

赵佶 《听琴图》

宋代男性有官服和常服之分。官服比较简单统一，多为大袖。常服较有特色。王公贵族与平民在样式方面区别不大，但常服在色彩方面有严格规定和限制。据史料记载，普通官员只能穿黑色或白色，级别较高者才能穿绯色或紫色常服。

常服有袍、襦、袄、短褐、衫、裳等，袍分窄身窄袖和广身宽袖，为官者可穿锦质袍，百姓只穿白色布袍。襦和袄是百姓必备常服。衫是天气炎热时男子穿着的一种常服。裳是沿袭古制的一种冕服或私服，穿法多为上衣下裳。常服的质地十分讲究，多为罗、纱、缎、绸。颜色多为皂黑、白、褐、青等。

宋代女子沿袭了唐代上穿袄、襦、衫，下穿长裙的服制。像男子那样，她们的衣服颜色更为淡雅。她们喜欢在上衣外面罩上“褙子”，“褙子”是对襟，两襟不缝合，没有扣子，两侧是开衩的。褙子在宋代很受欢迎，上至宫廷贵妇，下至农家女，包括歌姬都喜欢穿。

总之，宋代的服饰比较拘谨保守，色彩不及以前鲜艳，给人洁净、淡雅之感。

宋朝穿褙子的歌姬

七、元朝服饰

元代，是蒙古族统治的时代，蒙古族服饰成为这一时期的主流服饰。

元朝在服饰上鲜明地分为蒙制服饰和汉制服饰。蒙制服饰中男子比较有特点的服饰是质孙服，被视为贵族服饰之一。与周代的深衣很像，但是衣袖比较紧窄，下裳也比较短，一般只是到膝下，在腰间有无数褶裥，像现今的百褶裙襕。质孙服不仅仅指袍，还包括冠和靴子，且在颜色上有严格的搭配。质孙服之间有等级差别，材质、花纹以及所配套的冠都是不同的。

蒙制男子服饰——质孙服

比较有蒙古特色的是瓦楞帽，像六棱角的倒扣花盆，也有一些变得更为浑圆。

元代多角瓦楞帽

元代官员也戴我们前面提到的幞头。元代不论男女都爱戴暖帽，是一种比较保暖的皮帽。

元代贵妇还流行一种特殊的服饰，叫作“团衫”——袍特别宽大，并且很长，长度拖地，袖身也特别肥大，但是袖口紧缩，像现在的蝙蝠衫。由于团衫太长，故穿着者走路时需要女仆扶拽。服饰色彩以红、绿、黄、茶色、胭脂红、鸡冠紫和泥金色为时尚。

元代汉制服饰多沿袭宋代。女性上穿交领右衽的大袖衫或者窄袖衫，下穿百褶裙，内穿长裤，外面也常穿长褙子。男子多穿袍衫，和原来相比，变化不大。服饰也受到蒙古族的影响，出现了交领左衽的服装。这时期服饰的整体特征是颜色比较暗淡，以白、蓝、褐色为主。《元书》记载，蒙古色目人衣服华贵，汉人南人则多衣衫褴褛。在质地上，由于棉花的广泛种植，棉布成为服饰材料的主要品种。著名纺织专家黄道婆改革传统织机以后，棉毛织品得到广泛普及。

八、明代服饰

明朝是我国封建社会趋向没落，资本主义开始萌芽的时期。明代的纺织业高度发达，尤其是丝、棉纺业。名目繁多的丝织品加上迅速普及的棉布使得服装原料空前丰富。无论在服饰内容、等级标志、工艺选材，还是实用效果上，都有较大的发展。明代服饰端庄传统、华美艳丽。

明代建立之初，统治者对整顿和恢复传统的汉族礼仪很重视。开国皇帝朱元璋下令废弃元代服制，恢复唐宋服制。洪武三年（1370），明代初步建立服饰制度。这个制度的中心内容是贵贱有别，服饰有等，不同阶级、不同等次的人，都只能穿着本等级的服饰，不能僭越。

1. 明代士人服饰

明代士人的典型服饰是戴儒巾，穿大袖衫。大袖衫为斜襟，大袖，袖长过手，衣长到足部，是宽大且长的袍衫。

戴儒巾、穿大襟袍的士人

明代有四方巾和六合帽。四方巾用轻软的黑色纱罗制成，上下有缘，材质是纱罗，可以折叠。六合帽是我们所知的“瓜皮帽”，把绸缎或其他布料裁为六瓣，缝合后制成，全称“六合统一帽”，民间亦称“瓜皮帽”，戴起来非常舒适方便，流传很广。

2. 平民男子服饰

平民男子多穿直裰。直裰是一种交领长衣的服饰，腰间系有丝绦。下层劳动者常见的打扮是上身穿短衣，下身穿裤，把裤子扎入绑腿，以适合劳动，头上包块头巾，把头发裹住，腰间系腰带，收紧短衣，脚上穿履。

3. 平民女子服饰

明代女子流行穿襦裙。和以往相比，襦和裙的长短发生了变化。明代襦长及腰，裙长到足部，襦衫扎在裙子里面，裙上部扎在胸下，腰间束带。在襦裙搭配上也有原则：“衣短裙长，衣长裙阔。”还有一种服装是衫裙、袄、裤和褙子的搭配。宋代的褙子到明代依然盛行。平民女子服装多为紫色或桃红、紫绿等颜色，不可以用大红和黄这样的正色，鸦青色也禁止平民使用。

明代女子襦裙

明代流行的另一种衣服是水田衣。它是利用各种零碎的锦料拼合缝制的，看起来像一块块有边界的水田。这种服饰开始时用齐整的矩形拼凑，后来不讲究形状，织锦料子大小不一，形状也各异，随意拼凑。它具有其他服饰所不具备的特殊效果，简单、纯朴而别致。上层社会的妇女也很喜欢。

明代妇女的水田衣

4. 明代官员服饰

明代的官服是这个时代最有特色的服饰。通过服饰，一眼可以看出官员的品级。文武官员日常穿的工作服有了特色——产生了补子。官员袍服的胸前和后背上都有一块方形图案，这就是补子。它按照文官或武官及官阶、品级的差别，绣有不同的鸟纹或兽纹图案。鸟纹象征文官要有比较高的文采，兽纹象征武官要像猛兽一样勇猛无畏。补子上的图案，不仅用来区分官员等级，而且象征皇帝对官员的期待和要求。到了清代，补子仍然沿用。

文官补子

武官补子

九、清代服饰

清代作为最后一个封建王朝，为了维护其统治地位，强制汉族剃发留辫并大力推行满族服饰。

清代男子服饰分为三种：汉族传统服装、满族民族服装、外来西洋服装。清代袍的式样，一般袖子比较窄瘦，礼服是箭袖，袍身用纽扣系结，右衽大襟，圆领口。皇室的袍有前后左右四开气，而士庶男子的袍只能左右开气。马褂是清朝特有的服装，式样多为圆领，有对襟、大襟、琵琶襟等式样，有长袖、短袖、大袖、窄袖之分。

在清代，满族女性喜着长袍和马甲。长袍是满族传统服饰的旗帜，也是旗袍的原型。在入关之前，长袍不分男女，款式简单，四片裁剪，开衩较长，宽松直筒，圆领，袖子较窄，袖口有马蹄状的护袖，方便骑射，男子袍服较女子更加肥大。入关后，只有女子穿长袍，袍长及脚面，以棉麻、丝绸、花缎等面料为主。后来，款式逐渐由宽松向收腰合体转变，长度由长至短。

清朝男子马褂

满族女子长袍

清朝服饰色彩比明朝又有增多，开始讲究服装色彩的配色，尤其在云锦图案的应用中。比如云锦妆花云纹的配色，大多用红、蓝、绿三种色彩来搭配，并配以浅红、浅蓝、浅绿为背景，或通过白色做外晕，以丰富色彩的层次感和色彩变化独有的美感。

满族女子在着装上还有一大特色，就是必须穿花盆底鞋，鞋面面料为绸缎，上绣五彩图案加串珠等。花盆底鞋以木为底，特点是在鞋底的中间部分有一个高 5～10 厘米的高底，有的可达 14～16 厘米。整个木跟底用白细布包裹，也有外裱白绫或涂白粉的。鞋底形状上宽下圆，形状好似花盆，俗称花盆底鞋。

清代花盆底鞋

第三节　中国近现代服饰

辛亥革命推翻了统治中国长达 2 000 多年的封建帝制，建立了中华民国。自此开创了中国服饰变革的新纪元，这集中体现在中山装上。那时孙中山为中华民国大总统，他认为服饰代表着民族的礼仪和尊严。尽管在晚清时期，外国商人、归国留学生已把西装引入中国，但孙中山认为："西服虽好，不适应我国人民的生活，正式场合会见外宾有损国体，传统服饰，形式陈旧，又与封建体制不易区别。"于是萌生了设计民族制服的动机。他曾留学美国，也曾东渡日本，穿过西式军便服，也着过日式学生装，于是融汇二者的裁法和结构，改制为体现军人风采又不失学者儒雅风度的中山装。

中山装的问世是对此前封建社会沿袭下来的对襟式短褂、大襟式长衫的一次重大变革。1920 年，国民政府规定礼服标准：男子礼服为中山装，女子礼服是旗袍。

中山装自诞生以来，一直长盛不衰，开阔、大气、庄重的风格使它享有"国服"之美誉。中山装长期成为其他服装的母型：黄埔军校的制服、国民党军队的军服、中国工农红军的军服均是此形制的简化。新中国成立后，中山装受到毛泽东的赞赏，他与一大批老一辈无产阶级革命家坚持穿中山装，由此中山装被誉为"毛式制服"。

新中国成立后，越来越多的人穿上中山装，并在此基础上演变出其他形式，如人民装、青年装、学生装、军便装。还结合中山装和军装的特点发展出新的服装——干部装，这也成为新中国各级干部的工作制服。干部服颜色以灰、蓝、黑为主，样式简朴大方。

中华民国时期的旗袍来源于清朝的旗装，但款式与旗装大不相同，清代的旗装宽大平直，不露形体，衣身宽松，胸围腰围几乎一致。宽松的旗袍将女性的身材特征完美遮盖起来，这与中国女性内敛、矜持的性格相吻合。中国人历来以温柔敦厚为美，做人要心平气和、含蓄内敛，旗袍没有棱角，线条平滑温顺，色彩既不过于暗淡，也不过于花哨，将中国人的文质儒雅恰到好处地表现出来。20 世纪 20 年代以后，受西方思潮影响，中国女性开始大胆张扬自己的个性，旗袍不像之前那样宽松，开始变得修身，由原来的平面直线裁剪变成西式立体裁剪。色彩也变得比较华丽、多彩，将女性魅力突显出来。

20 世纪三四十年代是旗袍的黄金时期，西方各种面料、辅料进入中国，旗袍也不断改良，领子、袖子、开叉、盘扣不断变化，旗袍的发展空前繁荣。此时，旗袍不再遮挡女子的曲线美，而是显示出东方女子独特的风韵，彰显了东方女子的含蓄美。

传统旗袍

现代旗袍

20 世纪 50 年代初期，全国掀起多快好省建设社会主义的热潮，苏联对新中国的建设予以援助，于是列宁装风靡全国，与它一同流行的备受女性青睐的时装还有“布拉吉”：宽松的短袖、褶皱裙、简单的圆领、碎花、格子和条纹，腰际系一条布带。

列宁装

从苏联传入的连衣裙“布拉吉”

20 世纪 60 年代，中苏关系交恶，曾经风行一时的具有俄罗斯色彩的列宁装、布拉吉在一夜之间销声匿迹。无论男女，蓝灰为主的色调和肥大单一的款式是这一时期中国服装的主要特点。随着 20 世纪 60 年代后期“文化大革命”的兴起，中国服装被淹没在了一片国防绿的军装里。街头最时尚的流行色当属绿色：绿军装、绿军帽以及绣有毛泽东手书“为人民服务”字样的绿挎包，再配以像章和红袖章。服装款式一致、色彩单一、不分男女、不分职业。

20 世纪 60 年代的单一色彩服装

20 世纪 60 年代的流行服装

20 世纪 70 年代末 80 年代初期，服装已由单纯的蓝、灰、绿迅速丰富为赤、橙、黄、绿、青、蓝、紫，可谓七彩缤纷。全国先沿海而后内陆城市，年轻人又一次成为变革服饰的先行者：蓄长发，戴蛤蟆镜，身穿喇叭裤或者蝙蝠衫。

20 世纪 80 年代街头最拉风的造型

紧身牛仔裤成为 20 世纪 80 年代时尚青年的潮流单品

随着改革开放愈加深入和社会主义市场经济体制的确立，20 世纪 90 年代，人们的物质生活大大改善，服装市场空前繁荣，除了款式之外，衣服的品牌、质感和面料成为购买时的选择标准。人手一件的夹克可以是牛仔、皮质、灯芯绒等各种材质。牛仔外套、牛仔裤，经久不衰。人造棉颜色鲜艳、手感滑顺，为年轻人所追捧。化纤仿真丝、高丝宝等材质被制成迷你裙、吊带衫。在牛仔装、运动装、休闲衫以及婚纱的基础上，新式服饰令人目不暇接：吊带衫、迷你裙、高底鞋、露背装、露脐装……这一切都说明：中国的服饰走向了世界，中国的服饰文化是开放的文化。

20 世纪 90 年代的超短裙

21 世纪初，我国加入 WTO，开放的步子越迈越大。海淘、网购普及，人们可以轻易买到各地的商品，在大街上能看到最时髦的各色服饰。中国人的着装，一方面，大胆吸收外来服饰，穿出活力，彰显个性；另一方面，传统服饰唐装、旗袍在重要的场合被穿上身，各种带有中国民族特色的花纹、色彩等元素被加入各大品牌服装的设计理念中，中式服饰早已走向国际。

Dior 青花瓷裙摆

改革开放 40 多年来，服饰从原来的款式单调、色彩单一到现在的多元化，着装从为了蔽体保暖到变得突出个性和美感。服饰的变迁背后是国家经济的大跨步发展，是人们审美情趣的不断提升和思想观念的巨大变化，是社会的日渐开放与包容。

不同年代的服饰风格

第四节　江苏特色服饰

一、江苏服饰技艺

江苏有着精湛的传统服饰技艺，诸如苏州的苏绣贵为四大名绣之一，设色精妙，光彩射目；宋锦经线和纬线联合显花，应用彩抛换色独特工艺，织物表面色线和组织层次丰富；南京云锦用传统的提花木织机，由拽花工和织手上、下配合，手工操作织造而成，其木机妆花织造工艺至今尚不能被现代机器所替代；南通的蓝印花布印染技艺既古老又奇特，是我国染织艺术的一朵奇葩，蕴含着丰富的民族历史文化等。这些传统技艺有着最为深厚的文化积淀和韵味无穷的文化底蕴，应将其融入服饰品牌文化的建设中，提升民族服饰的内涵。

二、江苏特色服饰代表

1. 南京云锦

南京云锦是中国传统文化的杰出代表，传承着古老的华夏文明。南京云锦因其用料考究、织工精细、色彩犹如天空璀璨夺目的云霞而得名。云锦图案纹样内容丰富，取材广泛，几乎汇集了中国传统优秀吉祥文化的精粹，“图必有意，意必吉祥”。图案用色浓艳而明快，就织物的底色而言，除黄色是特别采用的底色外，浅色是很少出现的，大多用深蓝、大红、宝蓝等深色。最常见的装饰方法为“色晕”“片金绞片”“大白相间”，云锦在织造过程中使用了大量的金银丝线，使整个织物产生金彩交辉的色彩装饰效果。

云锦

南京云锦展现了中国传统丝织艺术魅力，蕴含着丰富的文化内涵和民族特色。现代设计师们将云锦融入服饰设计中，以独特的造型手段、变化的艺术形式创造出既具有传统文化内涵又符合现代审美的云锦服饰，使其更加具有现代时尚气息，并成为大众真正喜爱的服饰。

2. 苏州甪直水乡妇女服饰

生活在苏州以东的甪直、胜浦、唯亭、陆墓一带的农村妇女一直保留着传统的民俗服饰，她们以梳愿摄头、扎包头巾、穿拼接衫、拼裆裤、束倔裙、裹卷膀、着绣花鞋为主要特征的传统服饰，又称“青莲衫子藕荷裳”，具有浓厚的传统民俗风情和乡土气息。

甪直水乡妇女服饰展示

对水乡人来说，特有的服饰来源于生活：因地制宜形成的生产、生活习俗服饰，具有浓郁的江南水乡特色，是实用性和艺术性的巧妙结合，以双色相间的三角包头、独特别致的大襟纽襻拼接衣裤、飘逸洒脱的绣裥裙、五彩斑斓的束腰带、瑰丽多彩的百纳绣花鞋、古朴简洁的胸兜、简便实用的卷膀为其典型特征，十分适宜水乡妇女农耕劳动。为增加美观性，其还有拼接、绲边、纽襻、带饰、刺绣等多种手工加工技艺。其原料、色彩的搭配、加工手艺的选用、独特的式样和制作技艺、穿戴使用的习俗，在服饰中极为罕见。这种服饰还反映了水乡地区传统的审美观念。

3. 南通蓝印花布

南通蓝印花布在宋代称为药斑布，明代称为浇花布，传说为嘉定（今上海市嘉定区）一归姓者发明。南通为中国蓝印花布的主要产地，土布与天然兰草为农家平常之物，故前庄后坊的蓝印花布染作坊曾遍布农村集镇。蓝印花布主要用来制作日常的衣服、被面、蚊帐、枕套、包袱布等。蓝印花布图案朴素优美、吉祥如意，大多取材于飞禽走兽、花草树木与神话传说，如五福（蝙蝠）捧寿、吉庆有余（鱼）、狮子滚绣球、鲤鱼跳龙门等。2006 年南通蓝印花布入选国家非物质文化遗产。

蓝印花布为纯手工制作，图案有断刀特点，产品上具有在染色过程中自然形成的冰裂纹；色花比较完整，图案自然、美观、分布合理；允许有轻微色差，无明显搭色、集中的小色点和影响外观的露底。

蓝印花布展示

第五节 趣味小故事

一、中国蚕丝的来源

传说远古时有个部落首领的女儿，父亲去打仗，女儿思念父亲，就对自己的白马说："马啊，马啊，你如果能找到我父亲，我就嫁给你。"白马听到这句话马上跑出去，风一样把得胜归来的首领从半路上驮回家。父亲看到女儿很高兴，但发现后来几天白马一看到女儿就兴奋异常，感到很奇怪，女儿只好把实情告诉父亲。首领气坏了，暗中埋伏弓箭手把白马射死，把马皮剥下来晾在门口。有一天，女儿在门口玩，指着马皮说："你不是想娶我吗？真是癞蛤蟆想吃天鹅肉。"话还没说完，马皮突然将女儿裹起来，卷走了。部落里的人赶紧去找，走了很远，在一棵桑树下发现了一条洁白的长着马头的虫子，幽幽地吐着丝，好像有无尽的悲伤要诉说，部落里的人推断这是女孩食言遭到了报应变成的，为这种会吐丝的虫子起名叫"天虫"，也就是蚕。蚕吐的蚕丝，经过加工处理，成为我国传统服饰的主要原料。

二、盘扣的来源

盘扣，又称盘纽，是中国传统服装使用的一种纽扣，用来固定衣襟或装饰。其制作考究，造型细腻优美，花样繁多，富有想象力，是古时民间手工艺人经过长期的劳动实践而形成的民间手工艺品，它不但蕴含着艺人的智慧和创造精神，而且也是我国华夏文明的重要组成部分。

盘扣的历史源远流长，是从古老的“结”发展起来的。我国早期的服装，要使衣服合体保暖而不散落，便要借助于带子、绳子，而使用时，就要系扣、打结。“结”的式样很丰富，有起功能作用的束衣之“结”，也有起美化作用的装饰之“结”。同时，“绳结”在人民心目中也代表着各种美好吉祥的意义。经过不断演化，盘扣出现了。

现有的资料显示，宋代时的服装上就已经使用了盘扣，元明以后，渐渐用盘扣来连接衣襟，用布条盘织成各种花样，称为盘花。盘花的题材都选取具有浓郁民族情趣和吉祥寓意的图案。

尤其是清初的服装以袍、褂、衫、裤为主，盘扣在满族服饰中大量使用，成为满族以及当时中国服饰的代表性部件之一，中式盘扣达到其发展的顶峰。在民国时期形形色色的传统旗袍中，衣襟上的盘扣常常起到画龙点睛的作用，民族风韵浓缩其中。

今天，盘扣作为一种传统的服饰部件仍没有落伍，以极强的生命力丰富和美化着人们的生活。它不仅适用于旗袍类服装，也被许多服装设计师广泛用于各类时装作为点缀，成为中国时尚的符号。

三、帽子的来源

据字书《玉篇》记载：“巾，佩巾也。本以拭物，后人着之于头。”由此可见，巾原是劳动时围在颈部擦汗用的布。由于自然界中风沙、酷热、寒流对人类的袭击，人们将巾从颈部逐渐裹到了头上。在保暖、防暑、挡风、避雨、护头等实用功能的基础上，巾逐渐演变成为帽子的形式。

随着社会的进步和经济的发展，帽子逐渐具有装饰人体的美观功能。在历代服饰的演变中，衣冠配套构成了中国传统衣着风尚的一大特点。

许多形容衣着端庄体面的成语，如“冠冕堂皇”和“衣冠楚楚”等，都强调了“冠”在服饰中的重要地位和作用。

所谓的“冠冕”，是指我国古代帝王、官吏们戴的礼帽。古代的冠并不像今天的帽子，将头顶全部盖住，它只有狭窄的冠梁，遮住头顶的一部分，两旁用丝线系在领下，并打结固定住。古代的男子，从二十岁起就开始戴冠，戴冠时，要首先举行矗冠礼，以表示成年的开始。

“冕”的出现要早于“冠”。“冕”的顶部有一块长形冕板，前低后高，称作“冕”，表示恭敬。冕的前沿，一般用彩线穿成若干串珠玉，名叫“冕旒”。串珠垂面，使目不斜视。冕旒的数量以及所用的材料，是区别贵贱尊卑的标志。冕冠的两旁，各有一孔，用以穿插玉笄等物，以便于发髻相系。另在两耳之处，各垂一颗珠宝遮耳，称为“充耳”，表示不听信谗言。冕冠是古代帝王和臣僚们参加重大祭祀典礼时所用的冠帽。

现在人们的衣着习惯，以脱帽表示礼貌。而在我国古代，脱帽则是无礼冒犯的举动。“脱帽露顶王公前”，这在当时是很失体统的。

我国自古以来就十分重视服饰配套。在历代的礼制中就讲究一个人的衣帽要整齐，要“衣冠楚楚”，也就是说，一个人身上穿的和头上戴的都要搭配合体，特别是对头上戴的“冠”非常重视，把“冠”放在服饰中的首位，认为“冠”可以显示一个人的精神气质。在千姿百态的服饰中，如果忽视帽子的配套，那么，即使精美绝伦的服装，也会黯然失色。在服饰结构上，衣冠一体，不可分割，已构成我国传统的服饰风尚。

四、鞋子的来源

俗话说“没有鞋，穷半截”，古代穷人借衣服穿并不少见，但鲜见“借鞋”，即所谓“借衣不借鞋”。这是因为鞋子太便宜，草、麻都可以用来做鞋，没有借的必要。所以，古代的草麻鞋别称叫“不借”。上古时期，鞋履制度没有形成，足上之物是随着织物原料的出现、衣裳问世而形成的。《世本》中记载："于则（皇帝臣）作扉履。草曰扉，麻曰履。"《释名》中记载"齐人谓韦履曰扉。扉，皮也，以皮作之"。说明最初鞋的原料是草、麻。商周时期，履制已经相当丰富，甚至有了专门为天子掌管鞋履的"屦人"，这个时期的鞋，式样、做工和装饰已十分考究，用材、施色、图案也根据服饰制度有了严格的制度，鞋与衣裳和头冠配合起来，则形成了我国早期的服装体系。另外，从文献记载来看，最早的鞋履，不论以何种材料制成，都统称为"屦"。战国以后，"履"字替代了"屦"，成了鞋子的通称。大约到了隋唐之时，本来专指"生革之鞋"的"鞋"字，又代替"履"字而成了各种鞋子的通称。

从文化的角度来看，鞋是人类服饰文化的重要组成部分。它对推动人类服饰改革、发展有着突出贡献。它不仅注重实用，同时还有审美装饰的功能；有些鞋子不仅是等级的标志，代表了礼仪的规范，还深刻反映了历代人们的美好愿望，具有浓厚的文化内涵。从制作工艺上来看，鞋子本身就是一件艺术品，具有较高的文化价值、历史价值和艺术价值，并与民俗学、工艺学、美学、考古学等学科密切相关，它是一个国家、一个民族物质文明和精神文明的表现。

第六节　拓展延伸

一、汉服服饰结构

汉服，全称是"汉民族传统服饰"，又称汉衣冠、汉装、华服，是从黄帝即位到公元 17 世纪中叶（明末清初），在汉族的主要居住区，以华夏礼仪文化为中心，通过自然演化而形成的具有独特汉民族风貌性格，明显区别于其他民族的传统服装和配饰体系，是中国“衣冠上国”“礼仪之邦”“锦绣中华”的体现，承载了汉族的染织绣等杰出工艺和美学，传承了 30 多项中国非物质文化遗产以及受保护的中国工艺美术。

1. 基本结构

汉服采用幅宽二尺二寸（今 50cm 左右）的布帛剪裁而成，且分为领、襟、衽、衿、裾、袖、袂、带、韨等部分。取两幅相等长度的布，分别对折，作为前襟后裾，缝合后背中缝。前襟无衽即为直领对襟衣。若再取一幅布，裁为两幅衽，缝在左右两襟上，则为斜领右衽衣。前襟后裾的中缝称为裻，在督脉、任脉的位置，衽在任脉右侧，故称右衽。裾的长度分为腰中、膝上、足上。根据裾的长短，汉服有三种长度：襦、裋、深衣。袖子与襟裾的接缝称为袼，袖口称为祛。一套完整的汉服通常有三层：小衣（内衣）、中衣、大衣。

2. 交领右衽

汉服中左侧的衣襟与右侧的衣襟交叉于胸前的时候，就自然形成了领口的交叉，所以形象地叫作“交领”；交领的两直线相交于衣中线左右，代表传统文化的对称学，显出独特的中正气韵，代表做人要不偏不倚。如果说汉服表现天人合一，交领即代表天圆地方中的地，地即人道，即方与正。而袖子，则是圆袂，即代表天圆地方中的天圆。这种天圆地方学在汉服上的表现也是中国古代文化的一个体现。

汉服的领型最典型的是“交领右衽”，就是衣领直接与衣襟相连，衣襟在胸前相交叉，左侧的衣襟压住右侧的衣襟，在外观上表现为

"y"字形，形成整体服装向右倾斜的效果。衽，本义衣襟。左前襟掩向右腋系带，将右襟掩覆于内，称右衽，反之称左衽。汉服在历代变革款式中一直保持不变的"交领右衽"传统，也和中国历来的"以右为尊"的思想密不可分，明显有别于其他民族的服饰。

3. 褒衣广袖

与同时期西方的服装相比，汉服在保护人性方面具有不可争辩的优异性。当西方人用胸甲和裙撑束缚女性身体发展时，宽大的汉服已经实现了放任身体随意舒展的特性。

汉服的袖子又称"袂"，其造型在整个世界民族服装史中都是比较独特的。袖宽且长是汉服中礼服袖型的一个显著特点，但是并非所有的汉服都是这样。汉服的礼服一般是宽袖，显示出雍容大度、典雅、庄重、飘逸灵动的风采。一直以来，除了唐以后在常服中有敞口的小袖外，汉服袖的主流依然是圆袂收祛。

4. 系带隐扣

汉服中的隐扣，其实包括有扣和无扣两种情况。一般情况下，汉服是不用扣子的，即使有用扣子的，也是把扣子隐藏起来，而不显露在外面。一般就是用带子打个结来系住衣服。同时，在腰间还有大带和长带。所有的带子都是用与衣服相同的布料做成。一件衣服的带子有两对，左侧腋下的一根带子与右衣襟的带子是一对相系，右侧腋下的带子与左衣襟的带子是一对相系，将两对带子分别打结系住则完成穿衣过程。

二、旗袍服饰礼仪

1. 旗袍穿着的场合

参加正式晚宴、婚宴可以选择华丽的面料做成的旗袍礼宾或演出。

在有传统文化意义的场合可穿旗袍：外事活动、出席关于传统文化的公开活动或在中华文化氛围较浓的公司上班。如果公司文化比较西化，服装的选择要与公司文化相符合。

2. 穿旗袍时的礼仪

（1）旗袍的面料、花色应与着装的场合相协调。用普通棉布和真丝织锦缎做出同样款式的旗袍，其风格会截然不同：一个朴素雅致，另一个华丽高贵。购买旗袍时，一定要考虑穿着的场合因素，选择相应的面料和花色。

（2）选择旗袍时，要注意旗袍的款式与自己的身份相协调。前卫风格的无肩无袖或露胸旗袍，以及毛皮绲边的超短旗袍配上靴子，穿在明星身上会格外出众，却不适合在保守行业工作的人员日常穿着。

（3）旗袍的领围、领高、肩宽、胸围、腰围、臀围都要合身，任何一处过于紧绷或过于宽松，都会使美感大打折扣，自己穿上也会感觉很不舒服。女士在穿旗袍时，不管天气如何，旗袍所有的纽扣都必须全部扣上。任何一粒纽扣不扣，都会给别人留下“轻浮”的印象。

（4）旗袍应与场合相符。长及脚踝的高开衩旗袍，与袒胸露背、长及脚踝的西式晚礼服具有异曲同工的效果，因此只有在正式的晚宴、祝贺聚会或演出场合，或宾馆、酒店、礼仪培训等要求穿特定中式工作装的场合，女士才能穿开衩在大腿中部以上的高开衩长袍。日常工作或休闲场合的旗袍开衩不要高于膝盖上缘 10 厘米。

（5）穿旗袍时搭配的丝袜最好是连裤袜，这样就不用担心袜口从开衩处露出了。但要注意的是，旗袍的面料一定不能与丝袜起静电。

（6）穿旗袍时，要格外注意保持良好的仪态，行为要端庄，动作要优雅，腰身要挺拔。无论是站着还是坐着，双臂都应该紧贴身体，需要做任何动作时，也最好只是文雅地使用肘之前的小臂，避免因为幅度过大而露出下腋，这在穿无袖旗袍时更要当心。因为旗袍的造型非常贴近女性自然的曲线，所以不雅的站姿、坐姿都会在众人面前完全展露出来。坐下来的时候，请首先理一理后裙摆，给身体弯曲以足够的空间。旗袍是连体的紧身设计，如果不腾出空间，很容易引起面料的轻微撕扯。

（7）穿旗袍应配合中或高跟皮鞋，手拿无带式小坤包，化淡妆，必要时还应配上首饰。旗袍外应有大衣、风衣、斗篷之类的外套相匹配。

（8）不宜穿着旗袍上下公交车，或是骑自行车，旗袍的隆重典雅与户外的嘈杂拥挤气氛不协调。

三、中山装的穿着礼仪

男士要注意中山装的穿法。商界男士在穿着中山装时，应对其具体的穿法倍加重视。不遵守规范穿法，在穿中山装时肆意妄为，都是有违礼仪的，是无知的表现。

根据礼仪的基本要求，男士在穿中山装时，务必特别注意以下几个方面：

第一，要拆除衣袖上的商标。在上衣左边袖子上的袖口处，通常会缝有一块商标。有时，那里还同时缝有一块衣料标志。在正式穿之前，切勿忘记将它们先行拆除。这种做法，等于是对外宣告该套中山装已被启用。

第二，要熨烫平整。欲使一套穿在自己身上的中山装看上去美观大方，首先就要使其显得平整而挺括，线条笔直。要做到此点，除了定期对中山装进行干洗外，还要在每次正式穿着之前认真熨烫。

第三，要扣好纽扣。穿中山装时，上衣与裤子的纽扣都要扣好。一般而言，站立之时，特别是在大庭广众起身站立之后，中山装上衣的纽扣应当全部系上，以示郑重其事。就座之后，中山装上衣的纽扣则可解开下面的一粒或两粒，以防其“扭曲”走样。通常，在非正式场合，中山装可全部系上或全部不系。目前，在裤子的裤门上“把关”的，有的是纽扣，有的是拉锁。一般认为，前者较为正统，后者使用起来更加方便。不管以何种方式“关门”，都要时刻提醒自己，将纽扣全部系上，或是将拉锁认真拉好。参加重要的活动时，还需随时悄悄地对其进行检查，裤上的挂钩也应挂好。

第四，要不卷不挽。穿中山装时，一定要悉心呵护其原状。在公共场所，千万不要当众随心所欲地脱下中山装上衣，更不能把它当作披风一样披在肩上。需要特别强调的是，无论如何都不可以将中山装上衣的衣袖挽上去。否则，极易给人以粗俗之感。一般情况之下，随意卷起裤管也是一种不符合礼仪的表现。

第五，要少装东西。为保证中山装在外观上不走样，就应当在口袋里少装东西，或者不装东西。对待上衣、背心和裤子均应如此。要是把中山装上的口袋当作“百宝箱”，把它塞得满满的，无异于在糟蹋中山装。具体而言，中山装上不同的口袋发挥着各不相同的作用。在中山装上衣上，上侧的外胸袋仅供装饰，切勿插入钢笔、挂眼镜；内侧的胸袋，可用来别钢笔、放钱夹或名片夹，但不要放过大过厚的东西或无用之物；外侧下方的两只口袋，原则上以不放任何东西为佳。在裤子上，两只侧面的口袋只能够放纸巾、钥匙包或者零钱；其后侧的两只口袋，大都不放任何东西。

第六，要注意中山装的搭配。熟知中山装着装规范的人都知道：中山装的韵味不是单靠中山装本身穿出来的，而是通过中山装的穿着与沉着稳重的形体及语言的搭配体现出来的。

第三章

中国饮食文化

第一节　基本概况

中华饮食文化博大精深、源远流长。中国烹饪技艺是在中国传统文化中的阴阳五行哲学思想、儒家伦理道德观念、中医营养学说、文化艺术成就、饮食审美风尚、民族性格特征诸多因素的共同影响下形成的。中华饮食与文学艺术、人生境界都具有深厚广博的关系。在中华饮食文化中，得到普遍承认的有八大菜系：鲁菜、川菜、粤菜、苏菜、闽菜、浙菜、湘菜和徽菜。

从外延看，中华饮食文化展示出不同的文化品位，体现出不同的使用价值。它可以从时代与技法、地域与经济、民族与宗教、食品与食具、消费与层次、民俗与功能等多种角度进行分类。

从特质看，中华饮食文化除了讲究菜肴的色彩搭配要明媚如画外，还要搭配用餐的氛围。它是中华民族的个性与传统，更是中华民族传统礼仪的表现方式。

从影响看，中华饮食文化直接对日本、蒙古、朝鲜、韩国、泰国、新加坡等产生影响，它是东方饮食文化圈的轴心；与此同时，还间接影响到欧洲、美洲、非洲和大洋洲，像中国的素食文化、茶文化、酱醋、面食、药膳、陶瓷餐具等，都惠及全世界数十亿人。

一、饮食文化特点

（1）中华饮食文化风味多样。由于中国幅员辽阔，地大物博，各地气候、物产、风俗习惯都长期存在着差异，这在饮食上也就形成了许多风味。中国一直就有“南米北面”的说法，口味上有“南甜北咸东酸西辣”之分，主要有巴蜀、齐鲁、淮扬、粤闽四大风味。

（2）中华饮食文化四季有别。顺应自然，按季节而吃，这是中国烹饪的一大特征。自古以来，中国一直按季节变化来调味、配菜。冬天味醇浓厚，夏天清淡凉爽，冬天多炖焖煨烤，夏天多凉拌冷冻。

（3）中华饮食文化讲究美感。中国的烹饪，不仅技术精湛，而且有讲究菜肴美感的传统，注意食物色、香、味、形、器的协调一致。对菜肴美感的表现是多方面的，无论是一个红萝卜，还是一个白菜心，都可以被雕出各种造型，独树一帜，从而达到色、香、味、形、美的和谐统一，给人以精神和物质高度统一的特殊享受。

（4）中华饮食文化更注重情趣，不仅对饭菜点心的色、香、味有严格的要求，而且对它们的命名、品味的方式、进餐时的节奏、娱乐的穿插等都有一定的要求。另外，中国菜肴的名称可以说出神入化、雅俗共赏，如“全家福”“将军过桥”“狮子头”“叫化鸡”“龙凤呈祥”“鸿门宴”“东坡肉”……

二、饮食习俗特点

（1）以热食、熟食为主，这是中国人饮食习俗的一大特点，也和中华文明开化较早、烹调技术发达有关。中国人的饮食历来以食谱广泛、烹调技术精致而闻名于世。史书载，南北朝时梁武帝萧衍的厨师，一个瓜的制作能变出十种式样，一个菜能做出几十种味道，烹调技术之高超令人惊叹。

（2）在饮食方式上，中国人也有自己的特点，这就是聚食制。从许多地下文化遗存的发掘现场中可见，古代炊间和聚食的地方是统一的，在火上做炊，就食者围火聚食。聚食制的长期流传，也是中华人民重视血缘亲属关系和家族家庭观念在饮食方式上的重要反映。

（3）在食具方面，中国人的饮食习俗的一大特点是使用筷子。筷子在中国具有悠久的历史，古代叫箸。在殷商时代，中国人已经使用筷子进食。筷子一般以竹制成，一双在手运用自如，既简单经济，又很方便。东方各国使用筷子的根源多在中国。中国人的祖先发明筷子，确实是对人类文明的一大贡献。

（4）民以食为天，每个地区都有与众不同的饮食习惯和味觉倾向，而大家将这些精妙的技艺发展成为一种习俗、一种文化，使得无数食客流连在世界的每一个角落。

总之，中华饮食文化是一种广视野、深层次、多角度、高品位的悠久文化；是中华各族人民在长期的生产和生活实践中，在食源开发、食具研制、营养保健和饮食审美等方面创造、积累并影响周边国家乃至世界的物质财富及精神财富。

第二节　中国古代饮食

从人工火的发明到各种精美食具的出现，从茹毛饮血到煎炒烹炸，从羹饮脍炙到八大菜系……中华饮食文化经历了漫长的发展过程。中华饮食文化可谓色彩缤纷，博大精深。

一、中国古代饮食特色

1. 选材精良

选材，是中国厨师的首要技艺，是做好中国菜的基础，要具备丰富的知识与熟练运用的技巧。每种菜肴美食所选用的原料，包括主料、配料、辅料、调料……都有很多讲究和规则。中国饮食讲究的不外乎“精”“细”二字，即孔子所说的“食不厌精，脍不厌细”。所谓“精”，指的就是选取的原料，要考虑到品种、产地、季节、生长期等特点，以新鲜肥嫩、质料优良为上。

汉唐时代习惯于将美味佳肴称作“八珍”。大概从宋代开始，八珍具体指八种珍贵的烹饪原料。到了清代，各种系列的“八珍”数不胜数，主要指的是八种珍稀原料组合的宴席。比如“满汉全席”的“四八珍”，就是指四组八珍组合的宴席。四八珍即山八珍、海八珍、禽八珍、草八珍，共指 32 种珍贵的原料，分别是：

（1）山八珍：驼峰、熊掌、猴脑、猩唇、象鼻、豹胎、犀尾、鹿筋。

（2）海八珍：燕窝、鱼翅、大乌参、鱼肚、鱼骨、鲍鱼、海豹、狗鱼（大鲵）。

（3）禽八珍：红燕、飞龙、鹌鹑、天鹅、鹧鸪、彩雀、斑鸠、红头鹰。

（4）草八珍：猴头菇、银耳、竹荪、驴窝菌、羊肚菌、花菇、黄花菜、云香信。

2. 刀工精巧

刀工，就是厨师对原料进行的刀法处理，使原料成为烹调所需要的整齐统一的形态，以适应火候、受热均匀、便于入味，并保持一定的形态美，因而是烹调技术的关键之一。我国早在古代就重视刀法的运用，经过历代厨师的反复操作实践后，创造了丰富的刀法，比如片刀法、剞刀法、直刀法、雕刻刀法和斜刀法等，把原料加工成丝、片、块、条、粒、丁、泥、茸等多种形态和球、丸、麦穗花、兰花、蓑衣花、菊花等多样花色，还可镂空成美丽的图案花纹，雕刻成“福”“禄”“寿”“喜”字样，增添喜庆的欢乐气氛。特别是刀技和拼摆手法相结合，把熟料和可食生料拼成艺术性强、形象逼真的虫、鸟、鱼、兽、花、草等花式拼盘，如“孔雀开屏”“龙凤呈祥”“荷花仙鹤”“喜鹊登梅”“花篮双凤”等。如“孔雀开屏”，是用猪舌、鸭肉、火腿、黄瓜、蟹钳肉、鹌鹑蛋等十五种原料，经过二十二道精细刀技和拼摆工序才完成。古代还有人专门组织过刀工表演。南宋曾三异的《同话录》中写道，有一年泰山举办绝活表演，“天下之精艺毕集”，自然也包括精于厨艺者。“有一庖人，令一人裸背俯伏于地，以其背为几，取肉一斤许，运刀细缕之。撤肉而试，兵背无丝毫之伤。”以人背为砧板，切肉丝而背不伤破，这一招不得不令人称绝。

3. 火候独到

火候，是形成菜肴美食的风味特色的关键之一。但火候千变万化，没有多年实际操作经验很难做到恰到好处。因此，掌握适当火候是中国厨师的一门绝技。中国厨师能精确鉴别旺火、中火、微火等不同火力，熟悉各个原料的耐热程度，熟练掌控用火时间，了解传热物体（油、水、气）的性能，还能根据原料的老嫩程度、形态大小、水分多少、整碎厚薄等确定下锅的次序，加上灵活运用，使烹制出来的菜肴想嫩就嫩、想酥就酥、想烂就烂。早在古代，中国厨师就对火候有过专门研究，并阐明火候变化规律及掌握要点："五味三材，九沸九变，必以其胜，无失其理。"北宋诗人苏轼不仅是位美食家，而且还是一位烹饪家，创造出著名的"东坡肉"，这和他善于运用火候有密切关系，他还把这些经验写入诗中："慢着火，少着水，火候到时自然美。"后人运用他的经验，用密封微火焖熟法，烧出的肉原汁原味，适口而风味突出。

4. 技法各异

烹饪技法是中华厨师的又一门绝技。常用的技法有：炒、爆、蒸、烤、炸、烧、焖、炖、煮、烹、熘、煎、贴、烩、扒、汆、酱、卤、拌、炝、熏，以及甜菜的拔丝、挂霜、蜜汁等。不同技法具有不同的风味特色。每种技法都有几种至几十种名菜。云南的"过桥米线"，是汆的技法杰作。相传古代有位书生在河对面的书房中攻读，他的妻子为使他能吃上热汤热饭，便创造了这一汆法：将母鸡熬成沸热的鸡汤，配以切成细薄的鸡片、鱼片、虾片和米线，因为水面上的浮油能起保温作用，能汆熟上述食品，而且过桥后尚能保持热而鲜嫩，因而得名"过桥米线"。还有著名的"叫化鸡"，以泥烤技法扬名四海。相传古代江苏常熟有一乞丐偷得一只鸡，因无炊具，便把鸡宰杀后除去内脏，放入葱盐，加以缝合，糊以黄泥，架火烤烧，泥干鸡熟，敲土食之，肉质鲜嫩，香气四溢。后经厨师改进，配以多种调料，加以烤制，味道更美，遂成名菜。

5. 五味调和

调味是烹调的一种重要技艺，俗话说"五味调和百味香"。关于调味的作用，据研究，有以下几个：祛除原料异味；无味者赋味；确定肴馔口味；增加食品香味；赋予菜肴色泽；可以杀菌消毒。调味的方法也变化多样，主要有基本调味、定型调味和辅助调味三种，通常以定型调味方法运用最多。所谓定型调味，指的是原料加热过程中的调味，是为了确定菜肴的口味。基本调味在加热前进行，属于预加工处理的调味。辅助调味则在加热后进行，或者在进食时调味。所谓“五味调和”中的五味，是一种概略的指称。现在所享用的菜肴，一般都是具备两种以上滋味的复合味型，是多变的味型。总之，调味是否恰到好处，除了受调料品种、质地等物质条件影响外，关键在于厨师的调配。对调料的使用比例、下料次序、调料时间，都有严格的要求。只要做到一丝不苟，就能使菜肴美食达到预定要求的风味。

中华饮食情调优雅，氛围艺术化。中国饮食器具之美，美在质、美在形、美在装饰、美在与馔品的和谐。中国古代食具之美，主要包括陶器、瓷器、铜器、金银器、玉器、漆器、玻璃器几个大的类别。彩陶的粗犷之美，瓷器的清雅之美，铜器的庄重之美，漆器的透逸之美，金银器的辉煌之美，玻璃器的亮丽之美，都曾给使用它的人以美好的享受，而且是美食之外的又一种美的享受。美器之美不仅仅限于器物本身的质、形、饰，还表现在它的组合之美、它与菜肴的匹配之美。

二、中国历代饮食

1. 食肉在商周

从新石器时代到殷商时期，对谷物的加工一直比较简单。人们通过碾盘、碾棒、杵臼等对谷物进行粗加工，费时费力，难以提供大量去壳净米。传说在黄帝时期，黄帝作灶煮食，灶能集中火力节省燃料，使食物速熟，其广泛使用则在秦汉时期。

与谷物加工相比，周代的肉类加工更为考究。尤其是周王室贵族在祭祀、宴会时所享用的各种肉类，由专设的官署“内饔”与“外饔”执掌。周代已完全懂得选择无病又健壮的畜禽，并辨别畜禽各部位，然后施行宰割。在进食时，各式各样的菜肴都有固定的位置放置，取食也按一定的程序进行，这些都是由肉类所切割成不同形状所决定的。

特别是周代“八珍”的出现，标志着烹饪成为一门重要的艺术，显示了周代的烹饪技艺和饮食的科学性。以炮豚为例，首先将小猪洗剥干净，腹中实以枣，包以湿泥烤干，剥泥取出小猪，再以米粉糊涂猪身，用油炸透切成片状，配好佐料，然后再置于小鼎内，把小鼎放在大镬鼎中，用文火连续炖三天三夜，起锅后用酱醋调味食用。这一道菜先后采用了烤、炸、炖三种烹饪方法，而工序竟多达十余道。

2. 四大菜系的诞生

春秋战国时期，各个民族的互相融合，使得饮食逐渐形成了南北两大风味。在北方，齐鲁饮食文化历史悠久，烹饪技术比较发达，形成了中国最早的地方风味菜——鲁菜的雏形。

在南方，楚人统一了东南半壁江山，此地“春有刀鲚，夏有鲥，秋有肥鸭，冬有蔬”。一年四季，水产畜禽菜蔬逐一上市，为烹饪技术的发展提供了优越的物质条件，更因为融汇了南方很多民族的民风、民俗和饮食习惯，逐渐形成了苏菜的雏形。

在西边，秦国占领了古代的巴国、蜀国，接着派李冰将水患之乡——成都改造成“天府之国”。加之有大批汉中移民的到来，结合当地的气候、风俗以及古代巴国、蜀国的传统饮食，产生了影响巨大的川菜前身。

秦国的统一大业进行到后期，秦末发兵岭南，设桂林、南海和象三郡，凭借水陆交通四通八达的优势，形成了岭南的政治、经济、文化中心。这里的饮食比较发达，结合当地的饮食资源，使“飞、潜、动、植”皆为佳肴，兼收并蓄的饮食风尚，产生了粤菜。

至此，包括鲁菜（包括京津等北方地区的风味菜）、苏菜（包括江、浙、皖地区的风味菜）、粤菜（包括闽、台、潮、琼地区的风味菜）、川菜（包括湘、鄂、黔、滇地区的风味菜）的“四大菜系”的雏形初成。

3. 吃在汉唐

汉代是中华饮食文化的丰富时期，归功于汉代中西（西域）饮食文化的交流。在汉代之前传入的各族食品到魏晋南北朝时，已逐渐在黄河流域普及开来，得到了广大汉族人民的认可和发扬，其中尤以煮或涮、烤全羊最为典型。汉代的淮南王刘安发明了豆腐，使豆类的营养得到消化，可做出许多种菜肴，物美价廉。东汉时期人们还发明了植物油。

唐代是中华文化与国势强盛时期，也是中华饮食文化发展的高峰，各民族在饮食文化上进一步交流融合，菜肴品种大增，从而建立不同饮食流派。中国统一局面的完全形成，加速了中华饮食文化的对外传播。张骞等人除了从西域引进胡瓜、胡桃、胡荽、胡麻、胡萝卜、石榴等物产外，也把中原的桃、李、杏、梨、姜、茶叶等物产以及饮食文化传到了西域。日常吃的蔬菜，有160多种。在比较常见的百余种蔬菜中，汉地原产和从域外引入的大约各占一半。

唐代的长安是当时世界文化的中心，这为各民族饮食文化的交流与融合提供了便利。胡族和汉族传统的饮食结构发生了重大变化，“食肉饮酪”开始成为唐代整个北方和西北地区胡汉各族的共同饮食特色。在西域地区的汉墓出土文物中，就有来自中原的木制筷子。我国传统烧烤技术中有一种啖炙法，也很早通过丝绸之路传到了中亚和西亚，最终在当地形成了人们喜欢吃的烤羊肉串。

汉唐也是中国传统饮食方式逐渐发生变化的时期。东汉以后，胡床作为一种坐具从西域传入了中原地区，并被普遍使用。由于坐胡床必须两脚垂地，这就改变了汉族传统跪坐的姿势。桌椅出现以后，加上宴会菜式丰富，因此由分餐制的一人一套餐具形式演变为多人围桌合食的形式。

唐代与域外饮食文化的交流非常多，当时的长安，胡人开的酒店较多，李白等文人雅士常入这些酒店，唐诗中有不少诗篇提到这些酒店和胡姬。酒家与胡姬已成为唐代饮食文化的一个重要特征。

4. 茶食在辽金

随着茶叶的交易拓深，茶食也深入到辽金人们的日常生活中。金人在婚礼上都以摆上茶食为合乎礼仪。所谓茶食，只不过是用一种类似汉民族常食用的“寒具”，装上炸麻花之类的大软脂、小软脂食物，或一盘蜜糕。只有待整个宴会结束，对待来参加婚礼的上客，才端上“建茗”。茶叶成了只有富贵者才能啜之的饮料，而一般平民只能喝乳酪。

5. 元代的清真饮食

到了元代，帝国的疆域前所未有的广大，也带来了饮食文化的广阔发展。这一时期，涮羊肉在忽必烈的推捧下诞生；月饼，已经成为中秋不可少的一道点心；元大都成为有史可考的第一家烤鸭店的发源地；产生了众人都愿意品尝的名菜——烤全羊。

而元朝时期以各种身份从波斯、中亚细亚和阿拉伯等地大批迁来的各族穆斯林，与当地民族融合成为元朝的一个新的民族——回族，并与其他穆斯林民族创造和发展了中国的清真饮食文化。

6. 明代的奢靡

明代主食上菰米已被彻底淘汰，豆料也不再作主食，成为菜肴，北方黄河流域小麦的种植比例大幅度增加，面成为宋以后北方的主食。明代又一次大规模引进菜蔬，马铃薯、甘薯、蔬菜广泛种植，并且达到较高水准，成为主要菜肴。人工畜养的畜禽更成为肉食主要来源。

明代的宫廷饮食奢靡无度。滇南的鸡枞，五台山的天花菌、羊肚菜，东海的石花菜、海白菜、龙须、海带、鹿角、紫菜等海中植物，江南的蒿笋、糟笋等，辽东的松子，蓟北的黄花、金针，中都的山药、土豆，南都的苔菜，武当的鹰嘴笋、黄精、黑精，北山的核桃、枣、木兰菜、蔓青、蕨菜，各种菜蔬和干鲜果品、土特产，宫中应有尽有。

7. 清代的饕餮

清代全国各地的风味菜在北京汇集、融合、发展，形成独特的京菜。由于社会交往、礼仪、节令及日常餐饮的需要，各色餐馆应运而生，宫廷、官府、大宅门内都雇有厨师。这些厨师来自四面八方，中华饮食文化和烹饪技艺得到充分施展和发挥。宫廷菜是指清朝皇宫中御膳房的菜点，也吸收了明朝宫廷菜的许多菜点，尤其是康熙、乾隆两个皇帝多次下江南，对南方膳食非常欣赏，清宫菜点中吸收了全国各地许多风味菜和蒙古、回、满等族的风味膳食。

满汉全席是满汉两族风味肴馔兼用的盛大筵席，是清代的皇室贵族、官府才能举办的宴席，一般民间少见。其规模盛大，程式复杂，南北风味兼用，菜肴达三百多种，有“中国古代宴席之最”的美誉。可以说，满汉全席代表了清代饮食文化的最高水平。清代乾隆年间，江苏省仪征市有一位叫李斗的人，著了一本《扬州画舫录》，其中记有一份满汉全席食单，里面的食材让人眼花缭乱、叹为观止。

除此之外，官府菜是北京菜的特色之一。过去北京为官者众多，府中多讲求美食，并各有千秋，流传的潘鱼、宫保肉丁、李鸿章杂烩、组庵鱼翅、左公鸡、宋嫂鱼羹、北京白肉等菜肴都出自各府。其中北京谭家菜最有代表性，出自清末翰林谭宗浚家，后由其家厨传入餐馆，称为“谭家菜”。京菜融合八方风味，因此烹调手法极其丰富，诸如烤涮爆炒、炸烙煎熗、扒熘烧燎、蒸煮氽烩、煨焖煸熬、塌焖腌熏、卤拌炝泡，以及烘焙拔丝等。

第三节　中国近现代饮食

中国，这个有着悠久文明历史的国度，有令人垂涎的山珍，也有令人回味的海味。来自五湖四海的食材和调味品无时无刻不触动着亿万人的神经和味蕾。清代的时候，中国饮食分为京式、苏式和广式，之后，中国各地的饮食文化又有了相当大的发展，分为华北、江浙、华南和西南四种流派。后来华北流派分出鲁菜，成为八大菜系之首，江浙流派分为苏菜、浙菜和徽菜，华南流派分为粤菜、闽菜，西南流派分为川菜和湘菜。鲁、川、苏、粤四大菜系形成历史较早，后来，浙、闽、湘、徽等地方菜也逐渐出名，形成了我国的“八大菜系”。

鸦片战争后，中国由一个原本独立自主的封建国家向半殖民地半封建国家逐步过渡，社会结构发生巨大变革。与此同时，与人民日常生活紧密相关的物质生活和社会习俗也在发生改变。由于西方国家资本的注入，以工业文明、科学文化和生活方式为核心的近代文明逐渐影响中国，在中国社会掀起了一场大的变革，更影响着人民生活中息息相关的衣、食、住、行……

中国传统的宴席制出现了改良趋势。由于西方文化的影响，以及自助餐这种饮食方式的传入，中国知识界兴起了改良宴会之风。与中国的饮食方式不同，自助餐这种饮食方式，卫生节俭是一个方面，同时也是为了社交的需要，便于个人之间的情感交流，表现了西方对个性的要求，从饮食方式中反映出在不同文化的熏陶下所形成的不同国民性格。历经多次改革，当代中国在许多正式的场合，如人民大会堂的宴会实行分餐制，有些场合也改为了自助餐。

就像汉唐时期西域食品传入中原，极大地丰富了中原人民的饮食生活一样，近代西方饮食文化的舶来，也引起了中国近现代饮食生活的较大变化。如啤酒、汽水、奶茶、蛋糕以及各类的西式快餐，渐渐受到了中国人的欢迎，同时也加快了中国人的生活节奏。可以说，近现代中华饮食文化的发展，就是在融合中西饮食文化精华于一炉的过程中实现的。

一、长江流域的饮食文化

在西学东渐的影响下，长江中下游地区作为中国近代开放最早的地区，那里的饮食生活也开始出现了与传统饮食相疏离的倾向。究其原因，是西方饮食文化以前所未有的规模向上海、南京、武汉等通商口岸大量传入。中西饮食文化的交流和碰撞，拓宽了长江流域人们的饮食范围，使人们不仅在饮食生活方面有所变化，更重要的是在思想观念上也发生了深刻的变化，这些变化极大地推动了长江流域饮食文化的发展。

由于近代西方物质文化明显领先于中国，因此在这种大背景下，中国人普遍对西方饮食也怀有一种新奇感，总想开“洋荤”，这就使上海成了近代中国西方食品的集中地。在上海的带动影响下，长江沿岸的汉口、南京、重庆、宜昌、九江等城市的饮食生活也先后发生了类似的变化，并对长江流域内其他地区形成了辐射，促进了整个长江流域饮食文化的革新。

此外，长江流域内不同地区的饮食文化的互相渗透、互相影响也日趋加剧。川味东下，苏味西上，武汉成了四方风味交汇之地。不同地区、不同风味的交流与融合，使得长江流域的饮食文化发生了较大变化，各种创新菜不断出现。

二、20 世纪 70 年代：每张餐桌上的菜肴是相似的

在实行计划经济的年代里，人们的衣食住行都离不开票证。那时的人们购买粮油，都必须用城镇居民粮油供应证，并到专门定点门市部排队购买。由于食品、物资缺乏，供应时间仅有几天，每逢年关岁末或节假日，街道上到处可见排着长队购物的“长蛇阵”。20 世纪 70 年代末，家家的日子都挺紧巴，都得精打细算，鸡蛋要用粮票换，市场上少有卖鱼和虾的，即使有大家也舍不得买。到市场上买肉，主妇们都专挑肥的，为的就是能回家再榨点猪油改善伙食。

在那个物资匮乏的年代，萝卜、大白菜一度成为老百姓餐桌上的主菜，并代替了粮食。家家户户都在腌制咸菜，似乎只有逢年过节时才会包顿饺子。偶尔有重要的客人来，才会安排杀鸡杀鸭招待。

三、20 世纪八九十年代：从温饱走向小康

这个时期，从温饱走向小康的中国人，餐桌上逐渐呈现出前所未有的丰盛。20 世纪 80 年代，广东等地率先开放，使粤菜风行全国，人们的生活得到了改善，食品的品种也丰富起来。20 世纪 90 年代，川菜、东北菜、湖南菜盛行，韶山一位农民将“毛家菜”饭馆开到北京，引起关注和轰动；蔬菜种类越来越多，肉类产品加工已初具规模，百姓餐桌上的花样也逐渐多了起来。一度淮扬菜、上海菜时兴，这是因为上海开始腾飞，再次影响人们的饮食爱好。鲍鱼、海参、鱼翅……开始出现在人们面前，百姓还能随意享受美式快餐、法国大餐、意大利比萨、日本料理、韩国烧烤等。人们追求的不再是吃饱，开始讲究

饮食结构与营养搭配。

过去限量供应的大白菜，已经让位于木耳、丝瓜、西红柿、蘑菇和荷兰豆等。尤其到了中后期，在城市居民的菜篮子中，一年四季都可以装满各种各样的蔬菜水果。从初期的粮油、副食品敞开供应，到所有的票证都退出历史舞台，预示着一个新饮食时代的到来：以往逢年过节才端上餐桌的红烧肉，现在每周都可以吃到。过去闻所未闻的三文鱼和鲈鱼，也成为人们餐桌上的佳肴。每个人都有一个明显的感觉：生活水平正从温饱型向小康型转变。20 世纪 80 年代后期，粗粮食品逐渐从百姓的餐桌上淡出，细粮成为主角。

随着改革开放的深入，人们对食材的挑选也悄然发生了变化：蔬菜要吃绿色的，鱼虾要吃活蹦乱跳的，肉禽要吃新鲜的。市场上食材品种渐渐丰富，蔬菜、瓜果、蛋、禽、肉类摆上了货架，甚至冬天也可以买到相对便宜的新鲜菜，冬天储菜逐渐退出了历史舞台。

四、21 世纪：吃出健康和文化

21 世纪初期，人们开始更讲求健康饮食，对回归自然的水果蔬菜极为重视。蔬菜要吃无污染的，粮食要吃当年的，肉禽要吃排酸的，连花生油都专找非转基因的。什么食品有营养，什么食品能防衰老，什么食品搭配能保养身体，成为老百姓津津乐道的话题，中国人的健康观念在此时迈上了一个崭新的台阶。

不管什么年代，人们的生活中都少不了饭桌。小小餐桌，饮食观念，折射着社会发展步伐。改革开放 40 多年来，中华饮食文化发生着巨大的转变。从勒紧裤腰带到凭票购买，从空空的菜篮到“天天过年”的百姓饭桌，从追求精细粮食再到粗细粮搭配重新成为消费时尚，老百姓的生活已经发生了巨大的变化。

历史的惠泽与负担，总是同时遗留给后世。中华饮食文化在经过与世界其他地区、其他民族饮食文化的交流后不断丰富和发展。可以料想，中华饮食文化会更加繁荣和辉煌。

第四节　江苏特色饮食

一、江苏饮食概况

苏菜又称淮扬菜，中国四大菜系之一，主要包括金陵（南京）菜、苏锡（苏州、常州、无锡）菜、淮扬（淮安、扬州）菜、徐海（徐州、连云港）菜四种风味。

1. 金陵菜

金陵菜即南京菜，起源于先秦，自隋唐已负盛名，至明清成流派，主要分布在南京和镇江。金陵菜注重鲜活，刀功精细，原料以水产为主，善用烤、炖、煨、焖等烹调方法，鲜香酥嫩、口味平和，精致细美、格调高雅。金陵菜擅长火功、讲究刀工，以富于变化的技法和南北皆宜的口味从众多菜系中脱颖而出。

2. 苏锡菜

苏锡菜主要分布在苏州、无锡、常州一带。苏锡菜的虾蟹莼鲈和糕团船点味冠全省，其茶食小吃在所有苏菜中独树一帜。菜肴讲究美观，色调绚丽，尤重造型。口味偏甜，无锡尤甚。白汁清炖独具一格，食有奇香，浓而不腻，淡而不薄，酥烂脱骨而形神兼备，爽脆滑嫩而色味俱全。

3. 淮扬菜

淮扬菜在所有苏菜占主导地位，流行于淮安、扬州、镇江、盐城、泰州、南通等江苏大部分地区。淮扬菜产生于南北交汇处，集南方菜的鲜、脆、嫩和北方菜的咸、色、浓于一身，逐渐形成了甜咸适中、咸中微甜的风味。淮扬菜刀工最为精细，且对冷菜制作和拼摆要求极高，这使得淮扬菜犹如精雕细凿的工艺品。

4. 徐海菜

徐海菜主要分布在徐州和连云港，近似齐鲁风味。菜系口味偏咸、色调浓重，烹调手法以炸、煮、煎居多。淮扬菜似受苏锡菜的影响，口味平和而逐渐变为略甜；苏锡菜似受淮扬菜的影响，口味由偏甜而逐渐转变为平和。徐海菜因似受淮扬菜和苏锡菜的影响，口味色调亦趋清新淡雅。

二、江苏饮食特点

江苏物产丰饶，是全国著名的鱼米之乡，饮食资源相当丰富。江苏饮食主要有以下四大特点：

（1）食材用料广泛，以江河湖的水鲜为主。

（2）刀工讲究精细，烹调方法丰富多样，尤其擅长炖焖煨焐。

（3）菜肴重在本味，平和清鲜。

（4）菜品风格雅丽，形质兼备。

因苏北和苏南在地理环境、气候生态上差异很大，在饮食习惯上，二者也存在很大的不同。苏北地形多山，气候偏冷干，口味偏重，主食以面食为主；苏南多富庶平原地区，气候湿热，口味偏甜，主食以米饭为主。除此之外，江苏各地饮食又有不同的特点风格，不同菜系也有自己的独特风韵，可谓百花齐放、异彩纷呈。

三、江苏各地特色美食

1. 南京

南京的特色美食主要有鸭血粉丝汤、盐水鸭、小笼包、梅花糕、煮干丝、如意回卤干、什锦豆腐涝、状元豆、蒸饺、旺鸡蛋、臭豆腐、活珠子、桂花糕等。

2. 苏州

苏州的特色美食主要有松鼠鳜鱼、猪油年糕、蜜汁豆腐干、松子糖、玫瑰瓜子、枣泥麻饼、虾籽鲞鱼等。

3. 无锡

无锡的特色美食主要有小笼馒头、无锡排骨、方糕、萝卜丝饼、酒酿圆子、三鲜馄饨、烧卖、海棠糕、挂粉汤圆、糖芋头、玉兰饼等。

4. 扬州

扬州的特色美食主要有三丁包、扬州炒饭、清蒸蟹粉狮子头、翡翠烧卖、千层油糕、扬州煮干丝、扒烧整猪头、拆烩鲢鱼头等。

5. 常州

常州的特色美食主要有义隆素火腿、加蟹小笼包、大麻糕、蟹壳黄、酒酿元宵、银丝面、芝麻糖、天目湖砂锅鱼头、萝卜干、虾饼、马蹄酥、三鲜馄饨。

6. 盐城

盐城的特色美食主要有跃马牌恒升皮糖、草炉饼、杨五香肠、东台鱼汤面、奇园蟹黄包、野鸭灌汤包、清真油麻饼、建湖藕粉圆子、鲸鱼饼、东沟茶干、参燕八珍糕、擦酥饼、大冈脆饼。

7. 淮安

淮安的特色美食主要有蟹黄汤包、凉皮、凉皮面、烧烤、米线、肉夹馍、辣汤、馄饨、牛肉汤、牛肉包等。

8. 徐州

徐州的特色美食主要有霸王别姬（甲鱼炖鸡）、鸳鸯鸡、葱烧孤雁、乐天鸭子、纪妃伴龙颜（母鸡炖鳝鱼）、地锅草鸡、古沛郭家烧鸡、徐州三鲤、徐州四孔鲤鱼、龙门鱼、梁王鱼、彭城鱼丸、金蟾戏珠（蛙烧菜心）、鱼腹藏羊肉、鱼汁羊肉、东坡回赠肉、蜜三刀、新沂捆香蹄、太虚丸子、开阳炒苔菜、冬瓜四灵、西楚贡菜、油炸金蝉、长寿面、烙馍、蝴蝶馓子等。

9. 镇江

镇江的特色美食主要有鲥鱼、刀鱼、河豚、肴肉、锅盖面等。镇江香醋也是当地一绝。

第五节　趣味小故事

一、涮羊肉

“涮羊肉”的由来与忽必烈有关。700年前，元世祖忽必烈有一次在率军征途中，突然想吃草原美味“清炖羊肉”。于是随军厨师马上宰羊剔肉。不料敌情突发，来不及做“炖羊肉”了，厨师急中生智，将羊肉切成薄片，放在锅里一搅和就捞出来，放点调料送了上去。忽必烈饥不择食，吃罢迎敌并获全胜。军队凯旋后，忽必烈大喜，命厨师再如法炮制以宴群臣，并建议多放佐料，群臣吃后赞不绝口。忽必烈赐名“涮羊肉”。

二、火腿

“火腿”源于宋代名将宗泽。宗泽是当时坚定的主战派，且能打胜仗。因打仗连连得胜，百姓抬着肥猪去慰问他。结果军中一时猪肉多得吃不了，宗泽就命人将猪腿割下，腌制起来。由于腌制的猪腿又湿又重，行军携带不便，所以常常把它们挂在风中晾干。日子一久，腿肉红得如火，于是被大家称为“火腿”。

三、毛血旺

“毛”是重庆方言，就是粗糙、马虎的意思。70年前，重庆有一王姓屠夫每天把卖肉剩下的杂碎以低价处理。媳妇张氏觉得可惜，于是当街摆起小摊，把杂碎伴以老姜、花椒、料酒用小火煨制，加豌豆熬成汤，再加入猪肺叶、肥肠，将杂碎汤烧得味道极好。在一个偶然机会，张氏在杂碎汤里直接放入鲜生猪血旺，发现血旺越煮越嫩，味道更鲜。这道菜是将生血旺现烫现吃，遂取名毛血旺，即粗糙的血旺。

四、宫保鸡丁

晚清丁宝桢，因生前被封“太子少保”，所以被尊称为丁宫保。话说，当年丁宝桢由山东调任四川巡抚，时值都江堰水患。“新官上任三把火”，丁宝桢遂前往视察。某次视察耽误了午饭时间，于是他就在道边一家小餐馆进餐，不巧那天餐馆生意很好，菜已卖完，无菜可炒。众人饥肠辘辘，又等不及去别的餐馆，店主就用鸡肉和花生米，加上调料快炒之。没想到味道非常鲜美，丁宝桢很是满意，于是“宫保鸡丁”流传开来。

五、回锅肉

回锅肉又称熬锅肉，是四川名菜。相传清末时期，成都市郊有一位姓凌的翰林，因仕途不顺，退隐在家中，专心研究烹饪的学问。他把原来先煮后炒的回锅肉改为先将猪肉加入作料进行去腥处理，以隔水容器密封的方法蒸熟后再进行煎炒做成菜。先蒸熟再煎炒，减少了猪肉可溶性蛋白质的流失，保持了猪肉浓浓的鲜香，使原味不失，颜色泽亮。从此，这道菜成为家喻户晓的特色美食。回锅肉的“回”字就是再次回到锅里来回翻炒的意思。

六、臭豆腐

相传清朝康熙年间，安徽有一人叫王致和，他多次进京赶考，却屡考屡败，无奈之下，只好在京暂谋生计。王致和的父亲是开豆腐坊的，曾在王致和小的时候教过他做豆腐。于是，王致和租赁了几间房，并购置了一些简单设备，开始做豆腐，沿街叫卖。时值夏季，有时卖剩下的豆腐很快发霉，无法食用。但王致和又不甘心废弃，于是苦思对策。他将这些豆腐切成小块，稍加晾晒，寻得一口小缸，用盐腌了起来。之后他歇伏停业，一心攻读，渐渐地便把此事忘了。秋风送爽，王致和又想重操旧业，蓦地想起那缸腌制的豆腐，赶忙打开缸盖，一股臭气扑鼻而来，取出一看，豆腐已呈青灰色，用口尝试，觉得臭味之余却蕴藏着一股浓郁的香气，虽非美味佳肴，却也耐人寻味，送给邻里品尝，大家都称赞不已。后经不断改良，“王致和臭豆腐”已成老字号。

七、老婆饼

清末广州有一老字号茶楼，以各式点心及饼食驰名。某日，茶楼里一位来自潮州的点心师傅，带了店里各式各样的招牌茶点回家给老婆吃，想不到他老婆吃了之后，不但没称赞店里的点心好吃，甚至还嫌弃地说：“茶楼的点心竟是如此平淡无奇，没一样比得上我娘家的点心冬瓜角！”这位师傅听了之后心里自然不服气，就叫他老婆做冬瓜角给他尝尝！一尝之下，风味果然清甜可口，这位潮州师傅不禁称赞起老婆娘家的点心。隔日，潮州师傅就将冬瓜角带回茶楼请大家品尝，茶楼老板吃完后更是赞不绝口，问起这是哪一间茶楼做的点心，师傅说："是潮州老婆做的！"老板就将之命名为潮州老婆饼，并且请这位潮州师傅改良后在茶楼贩卖，结果大受好评！老婆饼因而得名。

八、佛跳墙

在福州民间佛跳墙这道菜有三种传说。

其一，清朝同治末年，福州一位官员设家宴请福建布政司同僚，其绍兴籍夫人亲自下厨做了一道菜，名叫"福寿全"，内有鸡、鸭、肉和几种海产，一并放在盛绍兴酒的酒坛内煨制而成。同僚吃后赞不绝口，遂命衙厨仿制。衙厨登门求教，并在用料上加以改良，多用海鲜，少用肉类，使菜越发鲜香可口。因福州话"福寿全"与"佛跳墙"的发音相似，久而久之，"福寿全"就被"佛跳墙"取代并名扬四海。

其二，福建风俗，新媳妇出嫁后的第三天，要亲自下厨露一手茶饭手艺，侍奉公婆，以博取赏识。传说一位富家女，自幼娇生惯养，不习厨事，出嫁前夕愁苦不已。她母亲便把家里的山珍海味都拿出来做成各式菜肴，一一用荷叶包好，告诉她如何烹煮。谁知到了出嫁后的第三天，这位小姐竟把烧制方法忘光了，情急之间她就把所有的菜一股脑儿倒进一个酒坛子里，盖上荷叶，撂在灶里头。第二天浓香飘出，合家连赞好菜，这就是"十八个菜一锅煮"的"佛跳墙"的来头了。

其三，相传有一群乞丐每天提着陶钵瓦罐四处讨饭，晚上聚集在寺庙外的墙边把讨来的各种残羹剩菜倒在一起烧煮，热气腾腾，香味四溢。某日，有个和尚闻到了，禁不住香味引诱，跳墙而出，大快朵颐，并有诗为证："酝启荤香飘十里，佛闻弃禅跳墙来。"

第六节　拓展延伸

一、饮食与养生

随着社会生活水平的提高，人们已经不再满足于吃饱吃好，而是要吃出健康，并日益关注饮食对养生的重要作用。在饮食养生中，应把握"十宜六不"的原则。

1. 十宜

（1）饮食宜杂。没有一种食物可以包含身体所需的全部营养，在饮食中不可挑食，要讲究多样化，注意荤素粗细的搭配。

（2）食物宜热。人体内的消化酶在接近人体温度时活性最强，最有利于消化吸收。食物宜温宜热，这样才有利于身体健康。

（3）食物宜淡。饮食中应以清淡为宜，多吃蔬菜水果，少吃腌制、烧烤、煎炸的食物，尤其是垃圾食品。

（4）饮水宜多。水是人体内消化吸收的主要催化剂，对人体健康至关重要。在平时生活中，应注意补充水分，多喝白开水，但不宜饮用碳酸饮料。

（5）晚饭宜少。“早吃好，午吃饱，晚吃少”。对人体养生来说，晚饭宜少不宜多，只吃七分饱即可。

（6）食料宜高。养生中宜多吃豆、蛋、奶、鱼等高质量且营养丰富的食品，但要注意不要摄入过多的糖分和脂肪。

（7）吃饭宜慢。长期暴饮暴食、狼吞虎咽会影响人体的消化吸收，引起胃肠疾病。吃饭时细嚼慢咽才有助于消化吸收。

（8）环境宜净。人体的食欲会受环境的影响，饮食时应尽量选择干净、安静、温馨的环境，以提高食欲。

（9）果蔬宜鲜。新鲜的水果蔬菜富含多种维生素、矿物质、纤维素和有机酸，对维持体液酸碱平衡至关重要。

（10）食材宜软。对消化不良的人来说，食物的材质宜软宜松，可促进消化吸收，蒸、煮、炖、烩等是不错的烹调方法。

2. 六不

（1）不贪荤。荤类食物含有过多的胆固醇，易引起心血管疾病，尤其对老年人来说，更不宜多吃荤类食物。

(2) 不贪细。平时饮食中不能贪吃细面而排斥粗粮。细面中缺乏膳食纤维，若长期食用会减弱胃肠蠕动，引起便秘。

(3) 不贪杯。中老年人长期贪杯饮酒会使心肌变硬，失去正常的弹力，加重心脏的负担，还易导致肝硬化。

(4) 不贪咸。中老年人摄入的钠盐量太多，容易引发高血压、中风、心脏病及肾脏衰弱等疾病。

(5) 不贪甜。吃太多的甜食，会造成功能紊乱，引起肥胖症、糖尿病等疾病，不利于身体健康。

(6) 不贪迟。三餐进食时间宜早不贪迟，有利于食物消化与饭后休息，避免积食或低血糖。

二、饮食与礼仪

我国是礼仪之邦，吃饭用餐都很有讲究，饮食礼仪也是饮食文化的重要组成部分。

1. 座次

总的来说，若是圆桌，座次是“以右为上”“面朝大门为尊”。正对大门的为主人座，主人两边的位置，右侧尊于左侧，离主人越近的越尊贵。若为八仙桌，如果有正对大门的座位，则正对大门一侧的左边位置为尊。如果不正对大门，则北面东侧的一侧为首席。如果为大宴，桌与桌间的排列讲究首席居前居中，左边依次 2、4、6 席，右边为 3、5、7 席，根据主客身份、地位、亲疏分坐。如果你是主人，你应提前到达，在靠门的位置等待，并且为来宾引座。如果你是客人，那么就应该听从主人的安排入座。

2. 点菜

如果时间允许，应该等大多数客人到齐之后，将菜单供客人传阅并请他们来点菜。如果你的上司在酒席上，千万不要因为尊重他，或是认为他应酬经验丰富，而让他来点菜，除非是他主动要求。如果你是赴宴者，不该在点菜时太过主动，而应请主人来点菜。如果对方盛情要求，你可以点一个不太贵且不是大家忌口的菜，点菜前记得征询一下桌上人的意见，让大家感觉被照顾到了。点菜后，可以说“我点了菜，不知道是否合大家的口味”“要不要再点些其他的”等。点菜时，可根据以下三个规则：一看人员组成；二看菜肴组合；三看宴请的重要程度。还有一点需要注意，点菜时不应问服务员菜肴的价格或讨价还价，这样会显得小家子气，而且客人也会觉得不自在。

3. 吃菜

中国人一般都很讲究吃，并且也很讲究吃相。随着职场礼仪越来越被重视，饭桌上的吃和吃相也更加讲究。在中餐宴席进餐开始，服务员送上的湿毛巾是擦手的，不要用它去擦脸。上龙虾、鸡、水果时，会送上一只小水碗，碗里漂着柠檬片或玫瑰花瓣，它不是饮料，而是洗手用的。用餐时要注意文明礼貌，对外宾不要反复劝菜，可向对方介绍菜的特点，是否吃随对方意。客人入席后，不要立即动手取食，而应待主人打招呼，由主人举杯示意开始时，客人才能开始，不能抢在主人前面。夹菜要文明，应等菜肴转到自己面前时，再动筷子，不要抢在邻座前面，一次夹菜也不宜过多。要细嚼慢咽，这不仅有利于消化，也是餐桌上的礼仪要求，决不能大块往嘴里塞，狼吞虎咽，这样会给人留下贪婪的印象。不要发出不必要的声音，如喝汤、吃菜时嘴里发出声响，这都是粗俗的表现。嘴里的骨头和鱼刺不要吐在桌子上，可用餐巾掩口，用筷子取出来放在碟子里。餐后不要不加控制地打饱嗝，在主人还没示意结束时，客人不能先离席。

4. 喝酒

俗话说，酒越喝感情越厚，但在酒桌上也有很多学问和讲究，以下一些酒桌上的小细节需注意：

细节一：领导相互敬完才轮到自己敬酒，敬酒一定要站起来，双手举杯。

细节二：可以多人敬一人，决不可一人敬多人，除非你是领导。

细节三：自己敬别人，如果不碰杯，自己喝多少可视情况而定。

细节四：自己敬别人，如果碰杯，说一句“我喝完，您随意”，方显大度。

细节五：记得多给领导或客户添酒，不要乱给领导代酒。

细节六：端起酒杯时右手握杯，左手垫杯底，记着自己的杯子永远低于别人。

细节七：如果没有特殊人物在场，敬酒最好按顺时针顺序进行，不要厚此薄彼。

细节八：碰杯、敬酒，要有说辞。

细节九：假如遇到酒不够的情况，可将酒瓶放在桌子中间，让客人自己添。

5. 倒茶

首先，茶具要清洁。客人进屋后，先让座，后备茶。冲茶之前，一定要把茶具洗干净，在冲茶、倒茶之前最好用开水烫一下茶壶和茶杯，这样既讲究卫生，又显得彬彬有礼。现在一般的公司都使用一次性杯子，在倒茶前要注意给一次性杯子套上杯托，以免水热烫手，让客人一时无法端杯喝茶。

其次，茶叶要适量。茶叶过多则茶味过浓，茶叶太少则冲出的茶没味道。假如客人主动介绍自己喜欢喝浓茶或淡茶的习惯，那就按照客人的口味把茶冲好。倒茶时，不管杯子大小，都不能倒得太满，太满了容易溢出，若不小心还会烫伤自己或客人的手脚。当然，也不宜倒得太少。

再次，端茶要得法。按照我国传统习惯，应用双手给客人端茶。双手端茶也要注意，对有杯耳的茶杯，通常是用一只手抓住杯耳，另一只手托住杯底，把茶端给客人。

最后，添茶要及时。如果上司和客户的杯子里需要添茶，要主动去做，也可以示意服务生来添茶，或让服务生把茶壶留在桌上，由自己亲自来添茶。当然，添茶的时候要先给上司和客户添，最后再给自己添。

6. 离席

一般酒会和茶会的时间较长，大约都有两小时。一场宴会进行得正热烈的时候，因为有人想离开，常会引起众人一哄而散的结果，使主办人着急。为了避免这种尴尬的场面，当你要中途离开时，不要和每一个人告别，只需悄悄地和身边的两三个人示意。中途离席，一定要向邀请你来的主人说明、致歉，不能不告而别。和主人打过招呼，应该马上就走，不要拉着主人一直聊天。

第四章

中国建筑文化

第一节　基本概况

中国悠久的历史创造了灿烂的古代文化，古建筑更是其重要组成部分。中国古代涌现出许多的建筑大师，营造了许许多多传世的宫殿、陵墓、庙宇、园林、民宅……中国古代建筑不仅可以作为现代建筑设计的借鉴，而且早已产生了世界性的影响，成为举世瞩目的文化遗产。欣赏中国古建筑，就好比翻开一部沉甸甸的史书——那洪荒远古的传说，秦皇汉武的丰功，大唐帝国的气概，明清宫禁的烟云，还有史书上找不到记载的千千万万劳动者的聪明才智，都一一被它形象地记录了下来。

中国古建筑从总体上说是以木结构为主，以砖、瓦、石为辅发展起来的。从建筑外观上看，每个建筑都由上、中、下三部分组成。上为屋顶，下为基座，中间为柱子、门窗和墙面。在柱子之上、屋檐之下还有一种由木块纵横穿插、层层叠叠组合成的斗拱，这是以中国建筑为代表的东方建筑所特有的构件。它既可承托屋檐和屋内的梁与天花板，又具有较强的装饰效果。

中国古建筑的屋顶样式有多种，分别代表着一定的等级。等级最高的是庑殿顶，特点是前后左右共四个坡面，交出五个脊，又称五脊殿或吴殿。这种屋顶只有帝王宫殿或敕建寺庙等方能使用；等级次于庑殿顶的是歇山顶，是前后左右四个坡面，在左右坡面上各有一个垂直面，故而交出九个脊，又称九脊殿或汉殿，这种屋顶多用在建筑性质较为重要、体量较大的建筑上；等级再次的屋顶主要有悬山顶，这种屋顶只有前后两个坡面且左右两端挑出山墙之外；硬山顶亦是前后两个坡面，但左右两端并不挑出山墙之外，这种屋顶常用于民居。除此之外还有攒尖顶（所有坡面交出的脊均攒于一点，常用于亭、阁）等。

庑殿顶

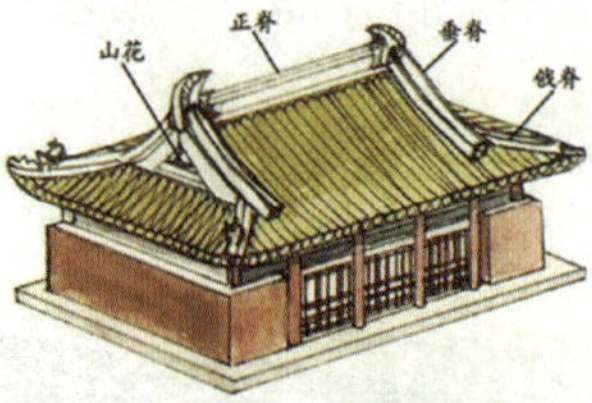

歇山顶

悬山顶

攒尖顶

硬山顶

与西方古建筑相比，中国古建筑在材料的选择上偏爱木材，并以木构架结构为主。此结构由立柱、横梁及顺檩等主要构件组成，各构件之间的结点用榫卯相结合，构成了富有弹性的框架。这种榫卯结合的形式，在距今七千年前就已经形成。中国古代木结构主要有三种形式：一是井干式，即以圆木或方木四边重叠的结构如井字形，这是一种最原始而简单的结构，现在除山区林地的建筑之外，已很少见到。二是“穿斗式”，是用穿枋、柱子相穿通接斗而成，便于施工，最能抗震，但较难建成大型殿阁楼台，我国南方民居和较小的殿堂楼阁多采用这种形式。三是“抬梁式”（也称为叠梁式），即在柱上抬梁，梁上安柱（短柱），柱上又抬梁的结构方式。这种结构方式可以使建筑物满足扩大室内空间的要求，成为大型宫殿、坛庙、寺观、王府、宅第等豪华壮丽的建筑物所采取的主要结构形式。

“墙倒屋不塌”这句中国民间的俗语，充分表达了上述梁柱式结构体系的特点。由于这种结构主要以柱梁承重，墙壁只作间隔之用，并不承受上部屋顶的重量，因此墙壁的位置可以按所需室内空间的大小而安设，并可以随时按需要而改动。正因为墙壁不承重，墙壁上的门窗也可以按需要而开设，可大可小，可高可低，甚至可以开成空窗、敞厅或凉亭。

中国古代建筑以它优美柔和的轮廓和变化多样的形式令人赞赏，但是这样的外形不是随意造成的，而是适应内部结构的性能和实际用途的需要而产生的。如那些亭亭如盖、飞檐翘角的大屋顶，是为了满足排除雨水、遮阴纳凉的需要。在建筑物的主要部分柱子的处理上，一般是把排列的柱子上端做成柱头内倾，让柱脚外侧的“侧脚”呈现上小下大的形式，还把柱子的高度从中间向外逐渐加高，使之呈现出柱头外高内低的曲线形式。这些做法既照顾了建筑物的稳定功能，又增加了建筑物外形的优美曲线，把实用与美观恰当地结合起来，可以说是实用与美观统一的佳例。

在中国古代建筑中，基本上有两种平面布局的方式：一种是庄严雄伟，整齐对称；另一种是曲折变化，灵活多样。举凡帝王的京都、皇宫、坛庙、陵寝，官府的衙署厅堂、王府、宅第，宗教的寺院、宫观以及祠堂、会馆等，大都采取前一种形式。其平面布局的特点是有一条明显的中轴线，在中轴线上布置主要的建筑物，在中轴线的两旁布置陪衬的建筑物。这种布局主次分明，左右对称。以北京的寺庙为例，在它的中轴线上最前有影壁或牌楼，然后是山门，山门以内有前殿，其后为大殿（或称大雄宝殿），再后为后殿及藏经楼等。在中轴线的两旁布置陪衬的建筑，整齐划一，两相对称。这种庄严雄伟、整齐对称的方式完全满足了统治者和神佛教义对于礼敬崇高、庄严肃穆的需要，所以几千年来一直相传沿袭，并且逐步加以完善。后一种布局方式则与之相反，不求整齐划一，不用左右对称，因地制宜，相宜布置。凡是风景园林、民居房舍以及山村水镇等，大都采用这种形式。其布局的方法是按照山川形势、地理环境和自然条件等灵活布局。这种布局原则，由于适应了我国广大的不同自然条件的地区和多民族不同文化特点、风俗习惯的需要，几千年来一直沿用，并有科学的理论基础。中国式的园林更是灵活布局、曲折变化的实例。山城、水乡的城市、村镇布局也根据自然形势、河流水网的情况，因地制宜，出现了许多既实用又美观的古城镇规划和建筑风貌。

第二节　中国古代建筑

中国古代建筑具有悠久的历史传统和光辉的成就。我国古代的建筑艺术也是美术鉴赏的重要对象，而要了解中国古代建筑艺术，除了需要理解建筑艺术的主要特征外，还要了解古代建筑艺术的一些重要特点，然后通过比较典型的实例深入认识。

一、中国古代建筑的演变发展

中国古代建筑的演变，大体上经历了原始巢居、原始穴居、单元长屋、宫殿几大类。其中规模最大，影响最深远的，就要数宫殿式建筑了。

单株巢居

多株巢居

干阑式建筑

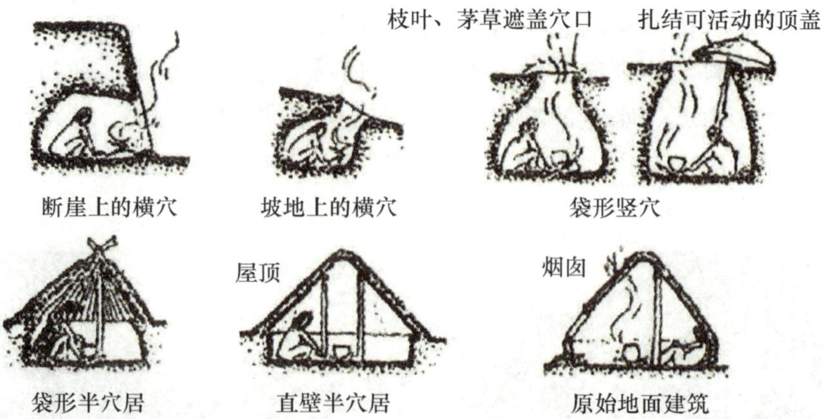

二、中国传统宫殿建筑的构成

中国传统宫殿式建筑结构复杂，且是中华民族传统思想和理念的代表。宫殿式建筑由台基、开间、大梁、斗拱、彩画、屋顶、山墙、藻井、脊兽组成。

1. 台基

台基也叫基座，是高出地面的建筑物的底座，用以承托建筑物，在防潮、防腐的同时可弥补古建筑单体建筑不甚高大雄伟的欠缺。台基有着悠久的历史，《史记》里有“尧之有天下也，堂高三尺”，还有文献记有“汉有三阶之制，左墄右平”。三阶就是台基，墄即台阶的踏道，平即御路，是建筑的一部分，是不可分离的。

中国古代建筑从原始的穴居发展到地面上的房屋，这是一个了不起的进步。地面上出现建筑以后，为了防止潮湿，并增加房屋的坚固性，往往把建筑建在台上面。古建筑的台基大致有四种：

（1）普通台基。用素土或灰土或碎砖三合土夯筑而成，约高一尺，常用于小式建筑。

（2）较高级台基。较普通台基高，常在台基上边建汉白玉栏杆，用于大式建筑或宫殿建筑中的次要建筑。

（3）更高级台基。即须弥座，又名金刚座。“须弥”是古印度神话中的山名，相传位于世界中心，系宇宙间最高的山，日月星辰出没其间，三界诸天也依傍它层层建立。须弥座用作佛像或神龛的台基，用以显示佛的崇高伟大。中国古建筑采用须弥座表示建筑的级别。一般用砖或石砌成，上有凹凸线脚和纹饰，台上建有汉白玉栏杆，常用于宫殿和著名寺院中的主要殿堂建筑。

（4）最高级台基。由几个须弥座相叠而成，从而使建筑物显得更为宏伟高大，常用于最高级建筑，如故宫三大殿和山东曲阜孔庙大成殿，即耸立在最高级台基上。

2. 开间

四根木头圆柱围成的空间称为“间”。建筑的迎面间数称为“开间”，或称“面阔”。建筑的纵深间数称“进深”。中国古代以奇数为吉祥数字，所以平面组合中绝大多数的开间为单数；而且开间越多，等级越高。北京故宫太和殿、北京太庙大殿的开间均为十一间。

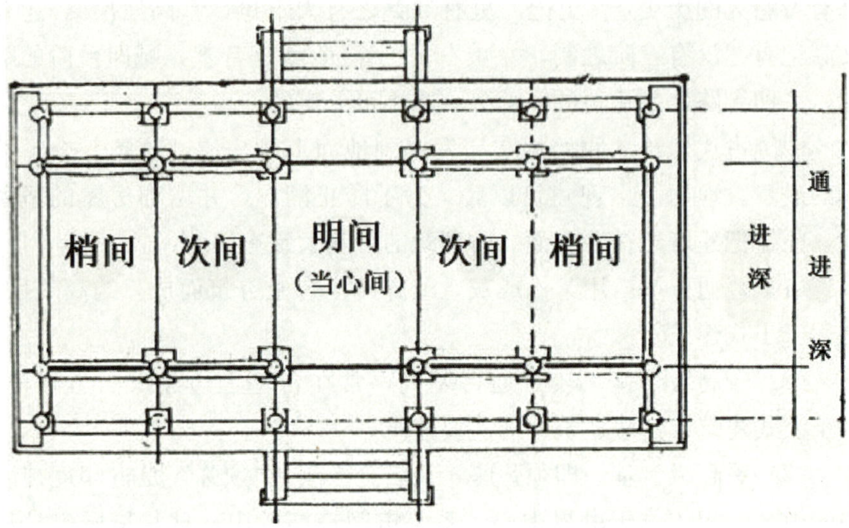

3. 大梁

大梁是架于木头圆柱上最主要的一根木头，以形成屋脊。常用松木、榆木或杉木制成，是中国传统木结构建筑中骨架的主件之一。

4. 斗拱

斗拱是中国古代建筑独特的构件。方形木块叫斗，弓形短木叫拱，斜置长木叫昂，总称斗拱。一般置于柱头和额访（又称阑头，俗称看访，位于两檐柱之间，用于承托斗拱）、屋面之间，由斗形木块、弓形短木、斜置长木组成，纵横交错层叠，逐层向外挑出，形成上大下小的托座，用来支撑荷载梁架，兼具装饰作用。

5. 彩画

彩画原用于木结构防潮、防腐、防蛀，后来才突出其装饰性。宋代以后，彩画已成为宫殿不可缺少的装饰艺术。彩画可分为以下三个等级：

（1）和玺彩画。这是等级最高的彩画。其主要特点是：中间的画面由各种不同的龙或凤的图案组成，间补以花卉图案；画面两边用“《 》”框住，并且沥粉贴金，金碧辉煌，十分壮丽。

（2）旋子彩画。等级次于和玺彩画。画面用简化形式的涡卷瓣旋花，有时也可画龙凤，两边用“《 》”框起，可以贴金粉，也可以不贴金粉。一般用于次要宫殿或寺庙中。

（3）苏式彩画。等级低于前两种。画面为山水、人物故事、花鸟鱼虫等，两边用“《 》”或“（ ）”框起。“（ ）”被建筑家们称作“包袱”，苏式彩画便是从江南的包袱彩画演变而来的。

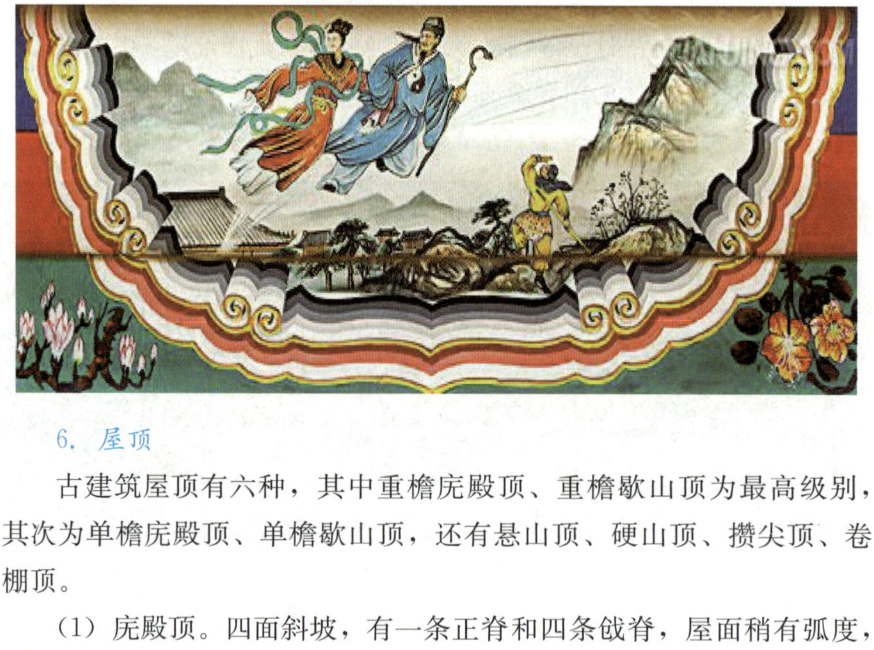

6. 屋顶

古建筑屋顶有六种，其中重檐庑殿顶、重檐歇山顶为最高级别，其次为单檐庑殿顶、单檐歇山顶，还有悬山顶、硬山顶、攒尖顶、卷棚顶。

（1）庑殿顶。四面斜坡，有一条正脊和四条戗脊，屋面稍有弧度，又称四阿顶。

（2）歇山顶。是庑殿顶和硬山顶的结合，即四面斜坡的屋面上部转折成垂直的三角形墙面。由一条正脊、四条垂脊、四条戗脊组成，所以又称九脊顶。

（3）悬山顶。屋面双坡，两侧伸出山墙之外。屋面上有一条正脊和四条垂脊，又称挑山顶。

（4）硬山顶。屋面双坡，两侧山墙同屋面齐平，或略高于屋面。

（5）攒尖顶。平面为圆形或多边形，上为锥形的屋顶，没有正脊，由若干屋脊交于上端。一般亭、阁、塔常用此式屋顶。

（6）卷棚顶。屋面双坡，没有明显的正脊，即前后坡相接处不用脊而砌成弧形曲面。

7. 山墙

山墙即房子两侧上部成山尖形的墙面。常见的山墙还有风火山墙，其特点是两侧山墙高出屋面，随屋顶的斜坡面而呈阶梯形。

8. 藻井

藻井是中国传统建筑中天花板上的一种装饰，是我国古代殿堂室内顶棚的一种独特做法。一般做成向上隆起的井状，有方形、多边形或圆形凹面，周围饰以各种花藻井纹、雕刻和彩绘，其外形像个凹进的井，“井”加上藻文饰样，所以称为“藻井”，含有五行以水克火、预防火灾之意。藻井一般都在寺庙佛座或宫殿的宝座上方，上面的雕刻或彩绘常见的有“双龙戏珠”。

9. 脊兽

殿宇屋顶的吻兽，是一种装饰性建筑构件，又称“脊兽”。脊兽由瓦制成，高级建筑多用琉璃瓦制的脊兽，其功能最初是为了保护木栓和铁钉，防止漏水和生锈，对脊的连接部起固定和支撑作用。

在封建社会中，脊兽的造型与安装位置都被蒙上迷信色彩。《唐会要》中记载，汉代的柏梁殿上已有“鱼虬尾似鸱”一类的东西，其作用为“避火”。晋代之后的记载中，出现“鸱尾”一词。中唐之后，“尾”字变成“吻”字，故又称为鸱吻，殿宇屋顶上的正脊和垂脊上，各有不同形状和名称的吻兽，以其形状之大小和数目之多少，代表殿宇等级之高低。

唐宋时，只有一枚脊兽，以后逐渐增加了数目不等的蹲兽，到了清代形成了今天常见的“仙人骑凤”领头的小动物队列形态。宫殿垂脊兽的装饰，是有严格等级区别的，只有太和殿顶上垂脊兽十样俱全。重脊的顶端为骑凤仙人，后面依次排列鸱吻（龙的九子之一）、凤、狮子、天马、海马、狻猊、狎鱼、獬豸（神羊）、斗牛、行什十兽。中和殿及保和殿只有九样，其他宫殿的垂脊上虽然亦有脊兽，但是都要按级递减。

除宫殿庙宇外，民宅不得安兽。由皇帝特批敕建的，安兽之脊叫作“仪脊”，以示殊荣。

五脊，指大脊（正脊）及四条垂脊。正脊两端有龙吻，又叫吞兽，四条垂脊排列着五个蹲兽，统称“五脊六兽”。这是镇脊之神兽，具祈吉祥、装饰美和保护建筑三重功能。古建筑为木结构，以兽镇脊，避火消灾。于两坡瓦垅交汇点，以吞兽严密封固，防止雨水渗漏，既有装饰美，又收护脊之实效。

中国传统的宫殿建筑从出现到现在，其间经历了无数次的发展与变革，从建筑形式到建筑规模都发生了很大的变化，但无论如何发展，它们的身上都深深地烙上了传统文化的烙印。

第三节　中国近现代建筑

一、基本概况

中国近代建筑指的是从 1840 年鸦片战争开始，到 1949 年中华人民共和国建立为止这一段时期的建筑。这个时期的建筑处于承上启下、中西交汇、新旧接替的过渡时期，这是中国建筑发展史上一个急剧变化的阶段。中国现代建筑所指的是从 1949 年中华人民共和国建立至今的建筑。

二、中国近现代建筑的发展历程及其代表建筑

1. 晚清时期

这个时期中国尚未形成具有代表性的建筑文化，建筑风格杂乱，以外来文化为主体，早期是西方殖民地式建筑和折中主义建筑风格，

而后古典式、罗马式、哥特式、巴洛克式、欧洲村落式和平房等风格逐步传入中国，均造成一定影响。

中国哥特式建筑——古德寺

2. 民国成立至全面抗战之前

这个时期是中国建筑发展的高峰期，也是中国本土建筑师到西方求学、学成归国，把建筑作为艺术引入中国的时期，中西建筑文化趋于交融，从以木匠手工活为主的“大师傅”向兼顾美学的“建筑师”转变。西方建筑师的涌入和学成归国的本土建筑师对于民国建筑的发展起到良好的作用，这时期的中西建筑文化趋于交融，形成了一些新的特点。

(1) 19 世纪一二十年代，以引进西方古典主义与我国本土折中主义相结合而设计的代表建筑主要有：上海前汇丰银行、南京国立中央大学内的中心建筑群等。

(2) 19 世纪三十年代初，外国建筑师和从国外留学归来的中国近代建筑师，尝试着在我国建造体现西方现代主义建筑思想的建筑，代表作有：上海国际饭店、上海大光明电影院、南京大华大戏院等。

(3) 受五四运动的影响，全国激起爱国热潮，许多办公楼和纪念建筑都要求建造成传统的民族形式，出现了一种利用新技术和材料仿造传统宫殿式的建筑，代表作有：南京中山陵、南京金陵大学北大楼等。

（4）19 世纪 30 年代中期，建筑师中的一些有识之士探索兼顾建筑功能与现代技术，同时结合民族风格的建筑设计，这种尝试为中国建筑的现代化与民族化的结合作出了有益的贡献。代表建筑有：南京国民政府外交部大楼（现江苏省人大常委会办公地）、南京国立美术馆（现江苏省美术馆）、南京中央医院主楼等。

3. 西方现代主义建筑思潮时期（1938—1949）

由于受到抗日战争和解放战争的影响，中国的建造活动几乎停止。而在建筑思想和建筑教育方面普遍受西方现代建筑思潮的影响，盲目追求美国建筑风格。

4. 当代建筑时期（1949 年至今）

中国建筑艺术进入当代发展阶段，建筑历史与理论研究百花齐放，建筑事业飞速发展，取得了前所未有的成就。在改革开放的推动下，中外文化和思想的交流，美学热、文化热的兴起，还有建筑创作任务的空前集中释放，都促进了建筑理论的加速发展，最显著的标志就是建筑多元论的崛起。这个时期的代表建筑有鸟巢、央视新大楼、湖州喜来登大酒店、北京银河 SOHO 、哈尔滨大剧院等。

三、中国近现代建筑代表人物

中国近现代时期出现了很多建筑大师，其中杨廷宝、童寯、刘敦桢、吕彦直、梁思成被称为中国近现代建筑五宗师。

1. 杨廷宝

杨廷宝是中国近代建筑设计开拓者之一，是我国当代杰出的建筑学家、建筑教育学家，从事建筑设计 50 多年，一生主持参加、指导设计的建筑工程达 100 余个，在中国近现代建筑史上负有盛名。他于 20 世纪 50 年代初期设计的北京和平宾馆对中国现代建筑设计颇有影响，此项设计曾受到周恩来总理和中外人士的赞扬；他参加过北京人民大会堂、人民英雄纪念碑、毛主席纪念堂等建筑工程的方案设计，主持和参加过南京长江大桥桥头堡、江苏省体育馆、南京中山陵音乐台等重大工程的规划和设计。

杨廷宝

2. 童寯

童寯是中国近代建筑学家、建筑教育家。其作品风格凝重大方，富有创新精神。他数十年不间断地进行东西方近现代建筑历史理论研究，对继承和发扬我国建筑文化、借鉴西方建筑理论和技术有重大贡献。他是中国建筑界融贯中西、通释古今的大师。早在 20 世纪 30 年代初，他便投入精力进行江南古典园林研究，是我国近代造园理论研究的开拓者。

20 世纪初，中国由于社会经济发展，城市人口增多，商业和文化娱乐活动增加，出现了新型公共建筑，特别是在大城市，规模较大的银行、图书馆、医院、饭店和影剧院都在兴建，这些建筑工程设计当时多由外国人包揽。一批曾接受过西方教育的中国建筑师也开始参与其中，成立了大小不同的建筑师事务所，童寯是当时最有影响的建筑师之一。他主持或参加的工程项目有 100 多项，最具有代表性的有：南京国民政府外交部办公大楼和官邸（1931 年）、南京中山文化教育馆、重庆炼铜厂、贵阳花溪中学等。

3. 刘敦桢

1922 年，刘敦桢回国后与柳士英等开办了第一所由中国人经营的华海建筑师事务所，创设了苏州工业专门学校建筑科并任讲师，为国家培养了首批建筑工程方面的人才。他毕生致力于建筑学教学及发扬中国传统建筑文化，着重民居和各地古建筑调查，创办了中国建筑研究所，是中国建筑教育及中国古建筑研究的开拓者之一。

4. 吕彦直

吕彦直是近现代建筑的奠基人。他与庄俊、范文照、张光忻、巫振英等首批从国外留学归来的建筑师发起成立中国建筑界第一个学术团体，旨在发展壮大建筑师队伍，开展学术研究。经数年筹备，至 1927 年冬始成立“中国建筑师公会”，1931 年改名为中国建筑师学会。他曾承担中山陵、广州中山纪念堂与纪念碑的设计。

5. 梁思成

梁思成为中国近代建筑学术发展立下了不可磨灭的功勋，是近代建筑教育事业的奠基者和开拓者，古建筑研究的先驱者之一，中国近代城市规划事业的推动者。在致力于建筑史研究的同时，梁思成还旁及中国雕塑史。新中国成立后，他与夫人林徽因写作《城市计划大纲》，继续提倡现代规划理论。

这五位宗师都有深厚的传统文化底蕴，都留过学，虽然各有所专，但都拥有同一个理想——中国建筑的复兴。从重拾中国传统建筑技艺传统，到试图将它们融入西方现代的建筑技术中，他们无疑给当代中国建筑界以启发和引导。

第四节　江苏特色建筑

一、江苏建筑概况

江苏气候温和湿润，水域丰富，城镇及乡村民居大都利用地形，自由灵活地散列在流水萦绕的隙地上，临河依水而建或跨溪而筑。住房布局紧凑，一般为 2 层楼房并建有阁楼。房层高、墙身薄、出檐深、门窗高大，利于通风，外观朴素，粉墙灰瓦，掩映于桃红柳绿之间。

江苏建筑以民居最为典型，而民居又以苏州为代表。素有“东方威尼斯”之称的苏州水网密布，地势平坦，房屋多依水而建，门、台阶、过道均设在水旁，民居自然被融于水、路、桥之中，多楼房，以砖瓦结构为主。青砖蓝瓦、玲珑剔透的建筑风格，形成了江南地区纤巧、细腻、温情的水乡民居文化。由于气候湿热，为便于通风、隔热、防雨，院落中多设天井，墙壁和屋顶较薄，有的有较宽的门廊或宽敞的厅阁。

江苏的古民居多为明清时代的，江南和江北各有特色。江南的古民居最典型的外观是粉墙黛瓦，简洁典雅；结构上带典型的水乡特色，体量不大，轻巧秀丽，开敞通透便于排除湿气；往往沿河、塘而建，常见前店后住家或下店上住家的形式。在江南不同地方也有不同特点，苏州古民居比较注重私密性，以苏州园林为代表，有关起门来自得其乐的文人志趣。无锡因商人较多，民居相对显得露富和炫耀，墙上常有很多修饰。而江北的古民居则与安徽、湖南等地的建筑风格相融合，更厚重，门楼上常采用砖雕等作为装饰。

二、江苏标志性建筑

1. 南京总统府

南京总统府位于南京市玄武区长江路，迄今已有600多年的历史。明朝初年曾是归德侯府和汉王府，清朝为江宁织造署、江南总督署、两江总督署。清朝康熙、乾隆皇帝下江南时均以此为“行宫”。南京总统府是中国近代建筑遗存中规模最大、保存最完整的建筑群，也是南京民国建筑的主要代表，现已成为我国最大的近代史博物馆。

总统府门楼的原址，为清代两江总督署头门，太平天国时建天朝宫殿“真神荣光门”，又称“皇天门”或“风门”。1864年清兵攻破天京后将此门拆毁，重建两江总督署大门。国民政府成立后，于1929年新建了这座钢筋混凝土结构的西方古典门廊式建筑。1948年5月“主席”改称“总统”，即将原先的“国民政府”换嵌成“总统府”三字。总统府大堂为中式建筑，抱厦五间，面阔七间，硬山顶单层双檐，与二堂及穿堂相连，呈“工”形殿。原为太平天国金龙殿，清兵攻占天京后，大殿被毁，于同治九年（1870）重建两江总督署大堂。1912 年 1 月 1 日孙中山就任中华民国临时大总统的就职典礼，就在大堂后的西暖阁举行。1927 年国民政府定都南京后，将之作为国民政府的大堂。1929 年国民政府部分改建时，将孙中山手书的“天下为公”匾额挂于大堂正中横梁上。

2. 拙政园

拙政园位于苏州市东北街，占地面积 52 000 平方米，全园分住宅、东、中、西四部分。住宅是典型的苏州民居，现布置为园林博物馆展厅。东部明快开朗，以平冈远山、松林草坪、竹坞曲水为主。主要景点有：兰雪堂、缀云峰、芙蓉榭、天泉亭、秫香馆等。中部为拙政园精华所在，池水面积占 1/3，以水为主，池广树茂，景色自然，临水布置了形体不一、高低错落的建筑，主次分明。主要景点有：远香堂、香洲、荷风四面亭、见山楼、小飞虹、枇杷园等。西部主体建筑为靠近住宅一侧的卅六鸳鸯馆，水池呈曲尺形，其特点为台馆分峙，回廊起伏，水波倒影，别有情趣，装饰华丽精美。主要景点有：卅六鸳鸯馆、倒影楼、与谁同坐轩、水廊等。

3. 寒山寺

寒山寺位于苏州城西阊门外十里枫桥西南不远处，相传始建于梁武帝天监年间（502—519），初名“妙利普明塔院”。寒山寺殿宇大多为清代建筑，主要有大雄宝殿、藏经楼、钟楼、碑廊、枫江楼、霜钟阁等。寒山寺的建筑布局没有严格的中轴线。山门前面的石拱古桥是江村桥，桥堍与山门之间那垛黄墙称照壁。黄墙内古典楼阁飞檐翘角，右为枫江楼，左为霜钟楼，都源于《枫桥夜泊》一诗。佛龛背后一尊威风凛凛的将军像，面朝里，对着大雄宝殿，手拿金刚杵（也叫降魔杵），那是韦驮，位居四大天王手下的三十二神将之首。

4. 苏州民居

苏州民居大都依水而建，其布局与河道密切相关，其平面和空间以“进”与“落”相结合的形式进行组合。苏州民居的平面看似简单，像四合院或三合院，实际上是因坊巷而因地制宜产生的平面类型。大致有如下几种：曲尺形、凸字形、工字形、日字形等。苏州民居给人们的印象是各种墙式的混合相连使用，形成小巷和水巷及驳岸上那种高低起伏、错落有致的外墙景观；建筑造型轻巧简洁、虚实有致、色彩淡雅、层次丰富、临河贴水，空间柔和而富有美感，具有常言所说的“粉墙黛瓦”“小桥流水人家”的审美价值。

5. 紫峰大厦

紫峰大厦于2010年12月18日正式落户南京鼓楼广场，高450米，像一个高耸入云的巨人，鸟瞰着繁华的南京城。大厦通体覆盖了绿、蓝两组玻璃，看起来更鲜明生动。该建筑形态新颖独特、空间开敞、环境优美、科技含量高，是代表超前先进技术的标志性建筑。

6. 南京长江大桥

南京长江大桥位于南京市西北面长江上，是长江上第一座由我国自行设计建造的双层式铁路、公路两用桥梁。上层的公路桥长 4 589 米，车行道宽 15 米，可容 4 辆大型汽车并行，两侧还各有 2 米多宽的人行道；下层的铁路桥长 6 772 米，宽 14 米，铺有双轨，两列火车可同时对开。其中江面上的正桥长 1 577 米，其余为引桥。公路引桥采用富有中国特色的双孔双曲拱桥形式。公路正桥两边的栏杆上嵌着 200 幅铸铁浮雕，人行道旁还有 150 对白玉兰花形的路灯。

7. 东方之门

东方之门是位于苏州市的一座 301 米高的摩天大楼，它不仅代表着苏州的新大门，而且也是世界看中国的新大门。这座伟岸而优雅的标志性建筑有着独特的构造，整座楼是双子塔结构，但在顶部双子塔合二为一，构成一张弓或是一扇门的形状。为了与苏州这个拥有丰富园林建筑文化的历史古城相协调，设计选择了黑、白、灰三色作为整个建筑的基色，与古典园林的黛瓦白墙相呼应。门式的建筑形象灵感来源于传统的花瓶与城门的巧妙结合，并透过简洁的几何曲线生动地表现出来。

第五节　趣味小故事

一、关于吻兽的来历

鸱吻最喜欢四处眺望，常饰于正脊上，它形似鱼尾，张牙舞爪，似乎要吞下整个屋脊，故又名“吞脊兽”。传说鸱吻是海龙王的九子之一，它属水，能激浪成雨，把它放在屋脊上可以当作灭火消灾的“镇物”；但又怕它吞下整条屋脊，故用宝剑将它牢牢扎住。既然龙王有九个儿子，鸱吻已经被钉在了屋脊上，那其他的八个又是谁呢？

关于这点民间有很多版本，其中一个版本如下：

长子赑屃（bì xì）：长得很像乌龟，喜欢背重物，可以作为石碑的碑座，台湾省台南市的赤崁楼就有赑屃背着石碑。

次子鸱吻（chī wěn）：喜欢登高俯瞰，所以在屋顶上，同时也有祈求降雨和消防的功能。

三子蒲牢（pú láo）：喜欢大吼大叫，所以放置在钟楼上，传说它最害怕鲸鱼，一看到鲸鱼就大叫并落荒而逃，因此台北市大龙峒保安宫的钟楼上刻着“鲸发”二字并放置蒲牢，就是希望钟会像蒲牢碰到鲸鱼一样发出洪亮的声响，意指钟声能够响彻云霄。

四子狴犴（bì àn）：容貌威武，长得像老虎，长于议论，因此大多放置在监狱的牢房门上。

五子饕餮（tāo tiè）：最喜欢品尝各式各样的美食，因此置于鼎盖上，沾沾油水。

六子趴蝮（bà xià）：擅长游泳，因此伫立在桥头。

七子睚眦（yá zì）：发怒瞪眼，杀气腾腾，配于刀剑上。

八子狻猊（suān ní）：长得很像狮子，而且喜欢烟火，因此庙里常常将之放置在香炉脚，让它“闻香”。

九子椒图（jiāo tú）：性好僻静，镇守门边以照顾家庭的安宁，常刻于大门上的衔环或挡门的石鼓上。

二、重脊前为什么用“仙人骑凤”

传说一：仙人是姜子牙的小舅子，想利用姜子牙的关系往上爬。姜子牙看出小舅子的居心，但深知他才能有限，因此对他说：“你的官已升到顶了，如果再往上爬就会摔下来。”古代的建筑师们根据这个传说，把他放在了檐角的最前端，如果再往上爬一步就会掉下去摔得粉身碎骨。

传说二：仙人是齐滑王，他在位期间不务正业，昏庸无道，所以遭到民众的憎恨，珍禽异兽对其穷追猛打，把他逼到走投无路的地步，再往前迈一步，就会掉下来摔得粉身碎骨。

至于为什么用仙人骑着凤凰，传说齐国的国君在一次作战中失败，被敌人追到一条大河边，眼看就要走投无路了。突然，一只凤凰飞到他身前，国君急忙骑上凤凰，终于化险为夷。因此人们把仙人骑凤放在建筑脊端，寓意逢凶化吉。

三、故宫九千九百九十九间半的传说

相传，当初修建紫禁城的时候，明朝的永乐皇帝朱棣打算把宫殿的总间数定为一万间，可是就在他传下圣旨后的第五天晚上，他突然做了一个梦，梦见玉皇大帝把他召到天宫的凌霄殿。只见那玉皇大帝

满脸怒气，永乐皇帝不知道是怎么回事，一问才知道是因为自己要建的这紫禁城的宫殿数一万间与他天宫一万间的数并肩了。于是他说道："玉帝请息怒，小臣多有冒犯，我这凡间的宫殿数哪能超过您这天宫的呀!"

玉皇大帝听他这么一说，有了笑脸，说道："这就对了，我赐你一块'天石'，以镇宫院，你再请七十二地煞、一百只禽兽去保护你这凡间的皇城，这样才能风调雨顺，国泰民安！你可记住?"朱棣连忙谢恩，当他抬起头来再看那玉帝时，已了无踪影，原来是个梦。

永乐皇帝醒后连忙传旨，召刘伯温进宫，把那梦从头至尾说了一遍。刘伯温听了也是一愣："那玉皇大帝可是惹不得的，还是顺从了他吧！他天宫是一万间，咱就建它九千九百九十九间半。既不驳他玉帝老儿的面子，又不失皇家的壮观气派和天子的尊严!"

不到四年的时间，紫禁城就建成了，刘伯温请永乐皇帝亲自察看。永乐皇帝在宫里转了大半天，心里十分高兴。这紫禁城建得别提有多气派了，雕梁画栋，金碧辉煌，那午门高大雄伟，那奉天殿（清朝时改名为太和殿）宽敞气派，和玉帝的凌霄殿相比，还真差不了多少。朱棣忽然想起了玉帝赐的那块镇宫院的"天石"和要请的七十二地煞、一百只禽兽，便问刘伯温都放在什么地方。

"万岁您别忙，臣带您一一看过。"刘伯温说着便把他带到华盖殿（清朝时改名为中和殿）后面的御路上，指着一块长方形的巨大石雕说："这就是玉帝赐的那块镇宫院的'天石'，名为'云龙阶石'，上有九条巨龙，腾跃于流云之间，它是这宫中最大的石雕，有上万斤重!""好！好!"接着永乐皇帝问，"那七十二地煞呢?""这您就看不见了，臣把它们派到这宫中下面的七十二条地沟里去了，以防地下的小鬼儿闹事，坏了这宫里的风水!""派得好!""您再看那宫殿垂脊上的琉璃饰物，它们是蛟龙、凤凰、狮子、天马、狎鱼、斗牛、獬豸、狻猊。有天上飞的、地上跑的、水里游的，既有祈雨的，又有避邪的。""不用说，这就是请的百兽了？刘爱卿所办之事，件件应了玉帝老儿说的，朕要重赏你呀!"朱棣最后问道："这宫里的殿堂是不是九千九百九十九间半?""正是!""那半间在何处?""在后廷西边儿的一间配房里。""好！好！朕看那玉帝老儿还有什么话说。"

那刘伯温说出"九千九百九十九间半"，心里就是一哆嗦，其实这宫里的殿堂数并非真的是九千九百九十九间半。原来他到各地采购木料、石料时，看到老百姓的日子越过越苦，可皇帝却大兴土木，于是有意把设计好的图纸改了，这样一来就少建了几百间，实际建成的是八千多间。他想：“这紫禁城大了去了，这殿堂到底有多少，谁数得过来呀，我说是多少就是多少了。”于是就向朱棣报了九千九百九十九间半，朱棣信以为真，还重赏了他许多金银。

从此“紫禁城有房屋九千九百九十九间半”的说法就传开了，实际那数字并不确切，只是传说而已。目前故宫里殿、宫、堂、楼、斋、轩、阁总的间数是八千七百零七间。那传说中的半间房又在哪里呢？当您参观游览故宫，走到景运门外箭亭向南望的时候，会看到院墙围着的一座两层的绿色琉璃瓦建筑，那便是清代存放四库全书的文渊阁。就在那阁楼上的西边，有一独特之处，它和一般的楼阁不同，两柱之间不是一丈多的间隔，而是仅有五尺左右的距离，紫禁城的半间就在这里。

第六节　拓展延伸

一、建筑与玄学

中国文化的特质是“天人合一”，建筑文化也追求“天人合一”，中国古代将之归纳为风水之说。

徽州许多村落有着秀丽的风光，其选址、方位、经营发展都与风水有关。西递、宏村古民居群是徽派建筑的典型代表，其“布局之工，结构之巧，装饰之美，营造之精，文化内涵之深”，为国内古民居建筑群所罕见，是徽派民居中的一颗明珠。

西递村始建于北宋，迄今已有950多年的历史，整个村落呈船形，四面环山，两条溪流串村而过，村中街巷沿溪而设，均用青石铺地，整个村落空间自然流畅，动静相宜。因村边有水西流，又因古有递送邮件的驿站，故而得名“西递”，素有“桃花源里人家”之称。

宏村始建于南宋绍熙年间，至今已有800余年。古宏村人规划、建造的牛形村落和人工水系，是当今“建筑史上一大奇观”。宏村紧邻南湖开凿有月塘，与村溪连通。巍峨苍翠的雷岗为牛首，参天古木是牛角，由东而西错落有致的民居群宛如庞大的牛躯。在宏村，步步入景，处处堪画，反映了悠久历史所留下的广博深邃的文化底蕴，宏村被誉为“中国画里的乡村”。

徽派建筑的结构多为多进院落式（小型者多为三合院式），布局以中轴线对称分列，面阔三间，中为厅堂，两侧为室，厅堂前方称“天井”，采光通风，亦有“四水归堂”的吉祥寓意。民居外观整体性和美感很强，高墙封闭，马头翘角者谓之“武”，方正者谓之“文”，墙线错落有致，黑瓦白墙，色彩典雅大方。

徽州建筑布局中天井、庭园和飞翘起的檐角是古代建筑学追求“天人合一”境界的途径。古人认为，堂屋应布置在住宅的主要方位，而厨房则应布置在住宅的次要方位。这对徽州民居的具体影响是，其平面结构呈现出一种序列：（气口）大门—前天井—堂屋—左右厢房—堂屋屏风后楼梯间—厨房—后天井。

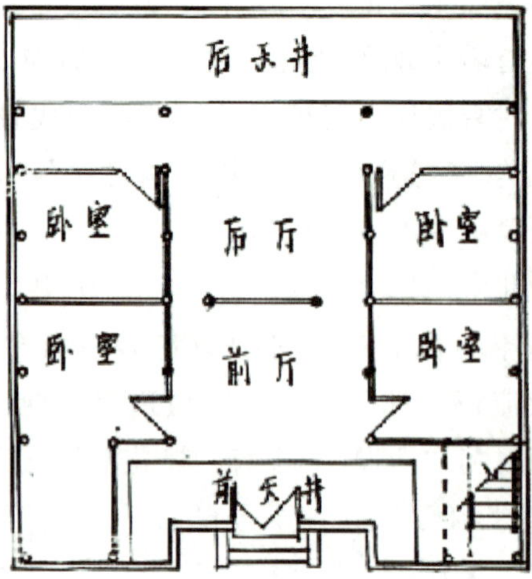

徽派民居平面图

1. 房屋朝向

传承数千年的徽派建筑典型特征，第一个就是方正，体现的是中正平和。我国房屋的朝向多为坐北朝南，徽派建筑也不例外，但徽派建筑大多不会将大门正中开在正南，而是略偏一点，以东南方最多。一来可以更好地纳入春天的东风和夏天的南风；二来东南为巽卦，巽为风，主传播，也代表文昌星的磁场能量。

2. 门楼

徽州建筑大门均配有门楼（规模稍小一些的称为门罩），主要作用是防止雨水顺墙而下溅到门上。门楼是住宅的脸面，成为体现主人地位的标志。门楼为出入之中枢，在徽派建筑文化中，将藏风聚气的概念发挥得淋漓尽致，藏代表内敛、包容和博大精深，聚代表人心凝聚、团结互助。

3. 照壁

中国古代建筑讲究门户不能直接相对，两张“口”代表着口舌官非与家庭纷争，所以大门与院墙门不会相对。同时古代玄学中也以直冲不吉，以曲折为妙。故云：水忌直冲，堂忌无余气。因此在进了院墙门之后，首先要有一个照壁。古人认为，照壁不仅很好地解决了门门相对的问题，同时也具有挡煞的作用，化解了门外直冲而来的邪祟煞气等。

4. 天井

照壁之后是天井。古人认为，水聚多财帛，水有聚气之功，也就

是聚财之效。雨水通过天井四周的水枧流入阴沟，俗称“四水归堂”，意为“肥水不外流”，体现了徽商聚财的思想。

5. 马头墙

徽派建筑中，令人记忆最深的就是错落有致、黑白辉映的马头墙。徽派建筑的山墙因墙顶部分形状酷似马头，故称“马头墙”，又称风火墙、防火墙、封火墙，是徽派建筑的重要特色，使人感觉到一种明朗素雅和层次分明的韵律之美。因为当地大多村落房屋密集，又以木质结构为主，于是便在两山墙的顶部砌筑有高出屋面的马头墙，以此来应对邻居发生火灾时火势顺房蔓延的情况，起到隔断火势的作用。

马是升官发财的吉祥瑞兽，有一马当先、马上封侯、马到成功等成语，于是马头墙的造型又有了文化寓意，将其分为金印式或朝笏式，并有两叠、三叠甚至五叠，俗称五岳朝天，体现了学优从仕的理想追求。在古徽州的村落中，隐喻着整个宗族生气勃勃，兴旺发达。

二、建筑与旅游

中国的景观旅游资源相当丰富，以建筑物为代表的景点有万里长城、北京故宫、天坛、苏州园林、黄鹤楼、岳阳楼、承德避暑山庄、杭州雷峰塔、布达拉宫等。

1. 北京故宫

北京故宫，又名紫禁城，是明清两代的皇宫，位于北京市中心。故宫东西宽 750 米，南北长 960 米，面积达到 72 万平方米，为世界之最；故宫的整个建筑被两道坚固的防线围在中间，外围是一条宽 52 米、深 6 米的护城河；接着是周长 3 千米的城墙，墙高近 10 米，底宽 8.62 米。城墙上开有 4 门，南有午门，北有神武门，东有东华门，西有西华门，城墙四角还耸立着 4 座角楼，角楼有 3 层屋檐，72 个屋脊，玲珑剔透，造型别致，为中国古建筑中的杰作。

历代宫殿都“象天立宫”以表示君权“受命于天”。由于君为天子，天子的宫殿如同天帝居住的“紫宫”禁地，故名紫禁城。故宫规模宏大，占地 72 万平方米，建筑面积 15 万多平方米，是世界上最大最完整的古代宫殿建筑群。为了突出帝王至高无上的权威，故宫有一条贯穿宫城南北的中轴线，在这条中轴线上，按照“前朝后寝”的古制，布置着帝王发号施令、象征政权中心的三大殿（太和殿、中和殿、保和殿）和帝后居住的后三宫（乾清宫、交泰殿、坤宁宫）。在其内廷部

分（乾清门以北），左右各形成一条以太上皇居住的宫殿——宁寿宫和以太后居住的宫殿——慈寿宫为中心的次要轴线，这两条次要轴线又和外朝以太和门为中心，与左边的文华殿、右边的武英殿相呼应。两条次要轴线和中轴线之间，有斋宫及养心殿，其后即为嫔妃居住的东西六宫。

2. 黄鹤楼

黄鹤楼位于湖北省武汉市，为“江南三大名楼”之一，自古享有“天下江山第一楼”和“天下绝景”之称。黄鹤楼始建于三国时代吴黄武二年（223），坐落在海拔61.7米的蛇山顶，当时只是夏口城一角瞭望守戍的军事楼，晋灭东吴以后，三国归于一统，该楼失去其军事价值，随着江夏城的发展，逐步演变成为官商行旅“游必于是”“宴必于是”的观赏楼。唐代诗人崔颢的《黄鹤楼》，李白的《黄鹤楼送孟浩然之广陵》，以及历代文人墨客在此留下的许多千古绝唱，使得黄鹤楼闻名遐迩。

现存的黄鹤楼以清代“同治楼”为原型设计，楼高 5 层，总高度 51.4 米，建筑面积 3 219 平方米。黄鹤楼内部由 72 根圆柱支撑，外部有 60 个翘角向外伸展，屋面用 10 多万块黄色琉璃瓦覆盖构建而成。

黄鹤楼楼外有铸铜黄鹤造型、胜像宝塔、牌坊、轩廊、亭阁等一批辅助建筑，将主楼烘托得更加壮丽。整个建筑具有独特的民族风格，散发着中国传统文化的精神、气质、神韵。

3. 布达拉宫

布达拉宫坐落于西藏自治区的首府拉萨市区西北玛布日山上，是世界上海拔最高，集宫殿、城堡和寺院于一体的宏伟建筑，也是西藏最庞大、最完整的古代宫堡建筑群。

布达拉宫依山垒砌，群楼重叠，殿宇嵯峨，气势雄伟，是藏式古建筑的杰出代表，主体建筑分为白宫和红宫两部分。宫殿高 200 余米，外观 13 层，内为 9 层。布达拉宫前辟有布达拉宫广场，是世界上海拔最高的城市广场。

布达拉宫最初为吐蕃王朝赞普松赞干布为迎娶尺尊公主和文成公主而兴建。清顺治二年（1645）清朝属国和硕特汗国时期护法王固始汗和格鲁派摄政者索南群培重建布达拉宫之后，成为历代达赖喇嘛冬宫居所，以及重大宗教和政治仪式举办地，也是供奉历代达赖喇嘛灵塔之地。

三、建筑与文学

在古代诗词中，怀古诗是内容与思想都比较沉重的一类作品。这类诗都是怀古惜今，“有感而发”，往往是诗人处于某种背景之下，前往瞻仰或凭吊历史古迹，回顾古人的业绩或遭遇，自己内心产生共鸣，不禁发出对古人业绩的慨叹或抒发对物换星移、物是人非的叹惜之情。古，可以指一种古迹；“怀古”，可以是指登临游览，触景生情，由历史遗迹而诱发感慨。怀古词多是由作者身临旧地凭吊古迹而产生联想、想象，引起感慨而抒发情怀抱负。因此，怀古又往往跟登临主体结合在一起。在艺术表现上，往往要写景，写这个古迹的地理环境、景物景观，长于情景交融。

古代文人游览历史遗迹时，往往触景生情，或抒发怀才不遇、愁苦不满之情，或表达与朋友离别的不舍之情，或阐述深沉的历史感喟与清醒的现实思索，或寄托牵挂国家的百感交集之情，倾诉报国无门的哀伤，抒发国家兴亡的感慨。即便是才华横溢的李白，文武兼具的辛弃疾，亦不免沉浮潦倒，郁郁难平胸中块垒，借景抒发自己的抑郁之情，表达理想破灭时的郁闷。壮志难酬的情绪成为古代文人创作中的一种风景，因此涌现出一大批流传至今的诗词歌赋，如范仲淹《岳阳楼记》、李白《登金陵凤凰台》、张继《枫桥夜泊》等。

四、中国最美现代建筑

1. “鸟巢”

国家体育场（“鸟巢”）位于北京奥林匹克公园中心区南部，为2008年北京奥运会的主体育场。工程总占地面积为21公顷，场内观众座席约为91 000个。在此举行过奥运会、残奥会开闭幕式、田径比赛及足球比赛决赛。奥运会后“鸟巢”成为北京市民参与体育活动及享受体育娱乐的大型专业场所，并成为地标性的体育建筑和奥运遗产。“鸟巢”是被誉为“第四代体育馆”的伟大建筑作品。

2. 中央电视台总部大楼

中央电视台总部大楼位于北京商务中心区，内含央视总部大楼、电视文化中心、服务楼、庆典广场，由荷兰人雷姆·库哈斯和德国人奥雷·舍人带领大都会建筑事务所（OMA）设计。中央电视台总部大楼建筑外形前卫，被美国《时代》评选为“2007 年世界十大建筑奇迹”“全球最佳高层建筑奖”。2014 年 4 月，中国当代十大建筑评审，在中国 1 000 多座地标建筑中，综合年代、规模、艺术性和影响力四项指标，中央电视台总部大楼为初评入围建筑之一。

3. 湖州喜来登酒店

湖州喜来登酒店，这座国内首家水上白金七星级酒店，位于太湖南岸，是中国湖州“世界第九湾”的标志性建筑。其耳目一新的指环形状，可谓国际首创、中国唯一。2010 年 2 月经国家知识产权局的批准，该酒店获外观设计国家专利证书。白天看，它是一座雅致的建筑物，到了晚上，开启从地板到最高层一圈一圈的 LED 灯，其多变的灯光倒映到夜晚的太湖湖面上，流露出一种奢华的风情。

4. 抚顺“生命之环”

“生命之环”坐落于辽宁抚顺市沈抚新城，其外径为170米，内径150米，结构顶高度为153.98米，钢结构总重3 500吨。

“生命之环”整体采用钢结构网架，并覆盖金属幕墙，安装有1.2万只LED灯。其无论是高度还是形式都是世界独有的，寓意连接天圆地方，贯通天上人间。

5. “天津之眼”摩天轮

天津永乐桥摩天轮，跨河建设、桥轮合一，兼具观光和交通功用，是中国十大城市地标建筑之一。

永乐桥摩天轮是世界上唯一建在桥上的摩天轮。其直径为110米，轮外装挂48个360度透明座舱，每个座舱可乘坐8个人，可同时供384个人观光。

6. 苏州博物馆新馆

苏州博物馆新馆由世界著名华人建筑师贝聿铭设计，于 2006 年 10 月 6 日建成并正式对外开放。新馆采用仿苏州园林式的中国古典设计，青砖白瓦，置身其中有种时间穿越的错觉，是一座集现代化馆舍建筑、古建筑与创新山水园林三位一体的综合性博物馆。

7. 北京银河 SOHO

银河 SOHO 位于北京东二环朝阳门桥西南角，设计的主题是借鉴中国院落的思想，创造一个内在世界。其占地 5 万多平方米，总建筑面积 33 万平方米，集商业办公于一身。银河 SOHO 使用了多项绿色建筑的先进技术，比如高性能的幕墙系统、日光采集、百分之百的地下停车、污水循环利用、高效率的采暖与空调系统、无氟氯化碳的制冷方式等。

8. 哈尔滨大剧院

哈尔滨大剧院是哈尔滨的标志性建筑，依水而建，与哈尔滨文化岛的定位和设计相一致，体现北国风光大地景观的设计概念。该建筑共包括大剧院（1 600 个座位）和小剧场（400 个座位），外部围护结构为钢结构壳体，采用了异型双曲面的外形设计。哈尔滨大剧院在 2016 年被评为世界最美建筑。

9. 常州武进莲花馆

江苏省常州武进莲花馆，占地面积 3.5 公顷，旨在为节庆活动提供使用场所。该建筑坐落于人工湖旁，是三个莲花造型的综合体，其中中间的莲花穹顶采用蓝色玻璃幕墙打造，呈不规则形状，看上去犹如“花蕊”。

10. 三亚美丽之冠七星酒店

美丽之冠七星酒店屹立于美丽的三亚，临山面水，位置优越，环境独特。

该项目总体建筑规模为60万平方米，是集超豪华酒店、商业、会展、娱乐、休闲、文化等为一体的超大型世界级酒店建筑群。这里曾多次举办世界小姐总决赛，并举办过众多大型文艺活动。

11．都江堰“芙蓉花”：成都万达文化旅游城展示中心

作为世界上最大的“芙蓉花”，这个流光溢彩的建筑用8 000多块彩釉玻璃筑成外墙，组合面积1万多平方米，每块玻璃都是空间曲面立体造型，全部采用人工磨边，人工拼接。夜晚的灯光系统照射于外墙，使外墙变换出不同颜色，非常炫丽。

第五章

中国交通工具文化

第一节　基本概况

在人类生活中，衣食住行是最常见、最重要、最不可或缺的需求，人类生活的每一天，都离不开这四种基本的生存行为，它们构成了人类社会生活最基本的内容。在衣食住行这四种基本行为中，行就是指人的身体在空间中移动。这种移动因为距离远近不同，对人类形成了程度不同的挑战。近距离的移动，人类可以靠着双脚行走来达到，然而一旦距离拉长，不但人类双脚难以承担如此重任，而且随着距离的拉长，行动的时间也会拉长，整个行动过程就会牵涉衣、食、住等其他方面，从而让出行成为一项复杂生存行为。

为了克服长距离的出行带来的困扰，人类在自身漫长的历史中，发明、发现了许多出行方式，以代替自身力量不足、行动缓慢的双脚。这些发明、发现包括两方面，一方面是载着物体移动的工具，比如车、马等运输工具；另一方面是容纳移动工具的载体，比如道路、河道等。所谓：

> 陆行乘车，水行乘船，泥行乘橇，山行乘檋（jū）。（《史记·夏本纪》）

不同的交通工具，要配合不同的运输载体。不同的自然条件，对于交通运载的工具有不同的要求。人类发明车、船等交通工具，以代替人的双脚和身体，运载人和货物，极大地解放了自己，增强了交通能力。不但如此，车要在陆地上运行，还需要对陆地进行整理规划，平整土地、开辟道路，以适合车的运行。船要在水中航行，也要清理航道，以保障船只航行的可靠性。这些都意味着人类的出行已经脱离纯粹的自然，进入社会发展的领域。

从古至今，随着人类社会的发展，人们在交通发明、发现上展现出巨大的创造力。在陆地上运行的，有依赖畜力牵引的车马，有利用机械或电力运行的汽车、火车；在水路上，有依赖人力或风力的木船，有利用机械动力的万吨巨轮；在天空中，还有飞机、飞船等航天工具。类型繁多、种类齐全的交通工具，使得人类的简单出行发展成为复杂的交通系统，通过这一系统，将原本松散、孤立、分割的人，整合成一个个群体，构建了人类社会交往的基础。

如今我国幅员辽阔，东望大海、西越流沙，东西及南北之间的跨度都在五千千米以上。我国的交通工具经过数千年的发展，从日行数千米的牛车，到一小时数百千米的高铁，跨越之大，令人目眩。这些伟大的创造，推动了社会的进步与发展，为人们的生活提供了巨大的便利，奠定了现代社会发展的基础。

第二节　中国古代交通工具

一、陆上交通工具

古代最重要的陆路交通工具是车马。车马在传统社会生活中，包括在生产劳动、商业运输和政治军事领域，都发挥过巨大的作用。因此，了解古代的车马状况，能够深入理解我国古代社会的基本状况，理解传统文明的基本特点。

车马由两部分组成：一是提供动力的牲畜，二是承载物体的车舆。

为人类提供动力的牲畜，有牛、羊等，但主要是马。人类驯养马的历史非常漫长，可以追溯到公元前四千年前的新石器时代。中国的先祖大概在石铜器并用的时代就开始驯养马匹，在龙山文化遗址中出土过许多的马骨。中国古人在驯养马匹的过程中，发明了一整套用来驾驭马匹的马具装备，包括用来控制马首的鞁（bèi）具，用于固定车与马的挽具，以及用来乘坐的鞍具。随着鞍具的发展，鞍具和鞁具相结合，从车马中独立出来，形成了专门的马力运载。

晋代还出现了一个重要的发明，就是马镫。没有马镫的时候，骑马的难度很高，因此大部分时间马都是作为运载工具。有了马镫之后，人在马上可以用脚和腰的力量保持稳定，从而解放了双手，这在军事上有重要的意义，深刻地影响了历史的发展。晋代之后，骑兵尤其是重装骑兵得到大踏步发展，成为左右战争胜负的决定性力量，擅长骑马的游牧民族由此崛起，改变了东亚的政治版图。马镫传到欧洲之后，催生了中世纪西方的重甲骑兵，改变了西方社会的发展历程。正如美国历史学家林恩·怀特所称："只有极少的发明像马镫这么简单，却在历史上产生了如此巨大的催化影响。"

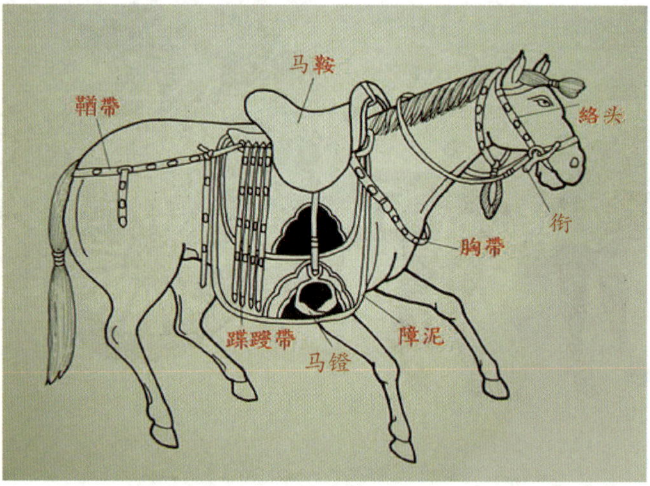

车马的主体部分是车舆，传说中车舆的发明人是黄帝，《世本·作篇》中称"黄帝造车，故号轩辕氏"，"轩"就是车的意思，通常带有围棚或帷幕；"辕"是指车前驾在拉车的牲畜上的两根直木，所以"轩辕"的意思跟车紧密相关。真正有史记载的车的创制人，是夏朝管理造车用车的官员奚仲（见《左传》）。《新语》中称，当时中国大地上河流和山谷交错，彼此之间不通声气，没有舟车帮助人们来往，于是"奚仲乃挠曲为轮，因直为辕"。《论衡》中说奚仲是"见蜚蓬而知为车"，指他见到风吹飞蓬旋转而受到启发发明了车。

到了商代，无论是车的制作水平，还是其普及应用程度，都达到了一个新的阶段。20 世纪初，在河南安阳殷墟遗址的考古发掘中，发现了很多商代车马残迹，后来在河南洛阳、陕西、山东等商朝的诸侯国地域内，也发现了大量的车马坑。从这些考古遗迹中我们可以知道，商代的马车，马匹居前，木制的车子在后，车子中间有一条独辀前伸，居两马之间，辀前连着衡，以轭靷法将车马相连。商代的车可以分解为辀、衡、舆、轴、轮等部件。辀通常为一根长约三米的木头，从车厢底部中央向前贯穿车厢，然后向前再伸出两米左右，其前端一般向上弯曲。衡的长度一般在 2 米左右，中间与车辀头部呈十字形绑定，两边捆着马轭，轭直接以革带与马颈相缚。舆就是车厢，用长条木方和长方板块榫接而成，商代的车厢有横长方形、圆角方形和梯形三种，最流行的是横长方形，一般进深在 1 米左右，横长在 1.5 米左右。车轴则用长条圆木制成，位于车舆下面，长约 3 米，两端套着同心圆形的车轮。

商代是我国马车发展的第一个高潮时期，其独辀双轮马车奠定了我国马车发展的基础，成为很长一段历史中的主流车型。但是，当时无论是车还是马，都是极为珍贵的，因此马车显然不是普通的代步工具，而是身份和权力的象征，通常只有高级贵族才有资格和条件拥有。

西周的马车，在形制上基本沿袭了商代，但是它的用途开始细化，出现了用于军事目的的戎车或战车、用于驿传的邮递马车、用于日常出行的乘车和用于狩猎的田车。与此同时，马车的数量急剧增加，尤其是用于军事的战车。武王伐纣的牧野之战中，倾国而出的周人，动用的战车只有三百辆，而到了周代，已经出现了“千乘之国”，春秋时称霸中原的齐国和晋国，战车分别达到了三千辆和四千辆，战车的数量成为衡量国家实力的标志。在战国的烽火硝烟中，我国车马形制发生了重要的变化。

在西汉初年，我国出现了大量的双辕马车，代替了原来的独辀车，这一变化是战争形式的变化导致的。战国之前的战争，以车战为主要的战斗形式，车战对道路和战场的地理条件要求非常高。在战国后期，随着赵武灵王提倡“胡服骑射”，兴起了骑兵，并最终发展为军队的主要作战力量，骑兵军团取代了车兵方阵。这一改变意味着马车离开战场，转为运输物资的工具，同时也意味着需要用大量的马匹来装备骑兵。为了克服这一矛盾，在汉代马车结构的基础上，独辀车变成了双辕车，两匹马或四匹马拉车变成了单马驾车。双辕车的最大改变，就是车的左右两边各伸出一根直木，代替了原来从中间伸出的单辀，由双马夹独辀变为双辕夹单马。同时，双轮间的轨距、轮舆间的间距缩小了，车的整体面积也变小了。不管是马车还是牛车，或者是其他畜动力的车，双辕车都成为后世主要使用的车型。

二、水上交通工具

我国的水上交通工具也非常发达。我国有长达 18 000 千米的海岸线，还有无数交错纵横的河流，在古代的南方，船只是主要的交通工具，甚至超过了马车。北人骑马，南人操舟，一度成为世人的共识。从七千年前的浙江余姚河姆渡新石器时代遗址中，出土了六支木桨，这种木桨配合独木舟使用。浙江萧山跨湖桥新石器时代遗址中，出土了最早的独木舟，它先用火烧出槽，然后再用石器刳制而成。及至商周之时，在山东、江苏等地，都发现了独木舟。独木舟通过将大木料的中间凿空而成，其长度通常在 4 米左右，再大的船就需要更加粗大的木料，因此从商代开始，就尝试制造木板船。就像陆上有战车一样，水上有战船，南方的吴国就有大翼、小翼、突冒等战船。大翼长十二丈，用划水的桨手五十名，配备二十六名手持各种武器的战士。到了汉代，造船史上重要的发明——舵出现了。从广州东郊东汉墓室中出土的陶船，有舱室三间，船舵位于船尾正中。舵的下端与船底平齐，方便在水浅处航行，板叶宽大，能够有效地调整水流。

除了内河航行，我国古代还开辟了海上航道，齐国和越国之间的航线久已有之，吴王夫差曾经“从海上攻齐”，相传助越灭吴之后范蠡携西施乘舟浮海而去。西汉元封五年（前 106），汉武帝乘船巡游天下，曾出长江口，北上航行至琅琊。汉代的海船名叫欃，也就是舶。舶上有大楼船，汉代的楼船“高十余丈”，上“十层赤楼”。高大的海船无法靠人力划桨航行，所以都是张起船帆，借风力远航。我国的船帆多为硬帆，用竹篾、蒲叶等材料编制。从泉州发现的宋代海船的竹帆上，中间夹着竹叶，两侧用竹管封边。中国的帆以竹竿为骨架，用以加固帆体，并使帆面得到均匀的支撑，船帆可以折叠，便于调整角度，可以合理地利用各种风向的风。当船帆和船舵一起使用的时候，可以根据风力、风向、水流等状况，进行配合，有效地控制航向，保证航行的速度与安全。

古人还发明了一种双体船，这种船装载量大，适合运输使用，《战国策》和《史记》中提到的帆船，就属于这种双体船。从山东平度新河乡出土的隋代双体船，是我们能够见到的最早的实物。它以木梁的两头，分别穿过两艘狭长的单体船，用铁钉固定，在梁上铺有嵌接的厚木板。这样的双体船，上面可建篷庐、舱房，两个船身互相牵制，增加了船只整体的稳定性，两个船体分开，减小了航行时的阻力，提高了航行速度。到了唐代，中国人发明了车船，车船用连续旋转的蹼轮，代替了原来间歇性滑动的船桨，达到了一定程度的机械化。车船的发明使得船体越来越大，到了宋朝，能够造出二十四车的战船，上载士兵数百人。这一时期还发明了水密舱壁，用铁钉固定船板，板缝之间用石灰混合桐油的材料封闭，是当时非常先进的技术。

宋代的造船技术是我国古代交通技术发展的高峰，尤其是南宋，在西北陆路被隔断之后，采取面海立国的姿态，大力发展海上贸易，从而极大地促进了造船业的发展。从福建泉州出土的宋船，可以一窥宋代造船业的发达。该船长 30 米，甲板宽 10.5 米，排水量 454 吨，其船舷的侧板用三重木板，其船壳用二重木板，共有十三个舱室，设置有多间水密隔舱，以应对海上事变。该船的载重在 200 吨左右，据记载，当时的大海船载重量能够达到 300 吨。

宋代应用于航海的最重要的发明当属指南针。在大海中航行，没有地理位置可以做参考，除了夜间观星、日间观日之外，在星日黯淡之时，只能依赖指南针等技术手段确定方位，因此指南针的发明让远程航海成为可能。在这时还出现了平衡舵，这种舵在舵杆前增加了平衡的部分，方便转舵，操作起来更加省力自如。还出现了一种半圆木的减摇龙骨，装在船的舭部（即船底和船侧间的弯曲部分），以增大船的阻尼力矩，起平衡和稳定船体的作用。这些技术储备为后来郑和下西洋奠定了基础。据《明史》记载，郑和的海船“修四十四丈，广十八丈”，折合成公制，长度为 150 米，宽度为 61 米，排水量在三万吨左右，这样庞大的船在当时几乎是制造奇迹。根据在泉州宝船公园发现的一根长 11.07 米的木舵杆推测，郑和的船长度在 60 米左右，排水量在 1 200 吨上下。

除了车马有乘坐制度之外，舟船也有乘坐制度，周时所谓“天子造舟、诸侯维舟、大夫方舟、士特舟”。造舟就是“比船为桥”，将四艘以上的船并在一起的大型船舫。维舟是“连四舟”，方舟是“并两船”，特舟是“单船”。普通百姓没有乘舫船和木板船的资格，通常是乘坐独木舟或者筏类工具出行。随着周代严格等级制度的崩溃，这种礼仪性的制度区分不复存在，舟船以其良好的载重性能和快捷性，甚至超越车马，成为更为普遍的交通运输工具。

第三节　中国近现代交通工具

中国近代史一直处于农业文明对抗工业文明的劣势之中，随着晚清闭关锁国的局面被打破，西方的高科技也传入了中国。

一、轮船

最先引进中国的近现代交通工具是轮船。早期西方殖民者就是靠着火轮船打开中国的大门，掠夺中国的资源。随着不平等条约的不断签订，中国的开放逐渐深入，无论是海上还是内陆江河，都有外国人的轮船航行。意识到轮船对国家的重要性之后，1861 年，曾国藩在安庆筹建了中国第一个军工厂——安庆军械所，邀请科学家徐寿、华蘅芳自行设计制造蒸汽铁甲轮船。1862 年，成功制造出第一台蒸汽机。1865 年，终于建造出自行设计的第一艘轮船。经过多年的努力，中国人制造的第一艘蒸汽轮船成功下水，取名“黄鹄号”，载重 25 吨，长 55 尺，高压引擎，单气筒，时速达 10 千米。

1865 年，李鸿章在上海成立了江南机器制造总局，1866 年，左宗棠在福州开办福州船政局（今马尾造船厂），成为中国近代最重要的军舰生产基地，并发展成为远东最大的造船厂。这些机构先后制造了“保民”“建威”“平海”等军舰，以及“江新”“江华”等长江客货轮船。

1872 年，李鸿章奏请在上海成立轮船招商局，这是中国第一家航运公司，官督商办，打破了列强垄断中国航运事业的局面，标志着中国新式水运业的诞生。

到了第一次世界大战前后，中国的轮船航运事业发展更快，千吨以上的轮船从 47 艘增加到 149 艘，甚至出现了万吨轮船。1949 年，中国的内河通航里程达 7.3 万千米。时至今日，我国的造船行业已经多年稳居世界第一。

二、人力车、三轮车、自行车

人力车又称作黄包车，或称东洋车，是一种依靠人力的交通工具，一般有两个轮子，上有座位可坐一到两人，由一个人在前面拉行（也有的洋车后边有人推）。1869 年，到日本传教的美国传教士强纳森 · 斯科比所发明人力车。1873 年，一位叫梅纳的法国商人把人力车引进中国以图获利，获得了法租界公董局的同意。人力车主要流行于 19 世纪末到 20 世纪初汽车尚未普及的时代，在亚洲各国的城市地区作为主要的交通工具。20 世纪后半期，其交通工具的功能逐渐被三轮车或机动三轮车所取代。

自行车于 19 世纪中后期传入中国。20 世纪初，自行车出现在城市的大街小巷；20 世纪 50 年代以后，中国有了自己的自行车制造厂。

中国曾经被誉为“自行车王国”。1962—1986 年，全国的自行车实行凭票供应，牌子主要有三个：上海产的“凤凰”和“永久”，以及天津产的“飞鸽”。

1940 年秋，上海永久的前身——昌和制作所在上海东北角的唐山路开业，这是上海第一家自行车生产厂。当时生产的自行车规格均为 26 寸，全是黑色油漆，牌号“铁锚牌”。

1949 年年底，永久牌自行车诞生，翻开了历史的新篇章。1957 年，由张雪父设计、家喻户晓的“永久”牌 LOGO 诞生，这一标识一直沿用至今。这是一个非常经典的标识，它以汉字“永久”二字进行变形设计，简洁直观，极易识别，对“永久”品牌的传播和推广起了很大的作用。

“凤凰”自行车出自 1897 年中国第一家自行车车行——同昌车行，有百年历史。该品牌诞生于 20 世纪 50 年代，当时上海自行车厂生产的还是“生产”牌自行车。由于“生产”牌商标呈齿轮图形，不能体现自行车产品轻快的特点和向往美好生活的寓意，因此创建一个新的品牌和商标便成为企业思索的焦点。1958 年 6 月 12 日、14 日，公司分别在《解放日报》《文汇报》上连续两次刊登了《征求牌名商标广告》，十天内收到的稿件达一千多件。其中，一位姓周的艺人画了一个仪态秀美的凤凰，并用文字写道："凤凰好，飞翔轻快，是民间吉祥之物，受到人民喜爱。"

这幅凤凰图案在全体员工的评议中获得了90%以上的赞同。从此，"凤凰"品牌诞生。其寓意：一是"凤凰"具有民族特色，在中国普遍受到民众的欢迎；二是"凤凰"是鸟中之王，象征着吉祥和高贵。因此，凤凰牌自行车也成了那个年代的姑娘出嫁时一份很有面子的嫁妆。20世纪90年代初，国内出口的自行车，有三分之一是凤凰牌。

"凤凰"自行车商标于1959年1月1日依法注册，当年1月份克服了设计和装备上的重重困难，终于完成了"凤凰"车的准备工作。2月份，1 000辆小批试制的"凤凰"车顺利下线。自此，凤凰自行车正式进入了人们的视野，以傲人的身姿展现"凤凰"品牌的独特魅力。

三、铁路交通

火车对中国传统交通造成的冲击最大。

（1）京郊铁路：中国历史上的第一条铁路。

1865年英商在北京城外修造了一条长约0.5千米的小铁路，试行小火车，但是因为当时的火车机头还是蒸汽机驱动，开动时轰隆隆的声音过于骇人，北京人视之为"怪物"，喧哗若狂，于是清政府以"观者骇怪"为由，勒令拆掉。

（2）吴淞铁路：中国历史上最早出现的营业铁路。

1876年，上海怡和洋行英商在未征得清政府同意的情况下，采取欺骗手段在上海擅自修建了吴淞铁路（从吴淞到上海）。这是中国境内第一条用于营运的铁路，也是中国最早办理客货运输业务的一条铁路，于1876年7月建成通车，全长14.5千米，经营了一年多时间。后来清政府用28万两白银将其赎回后全部拆毁。

（3）唐胥铁路：中国历史上自建的第一条标准轨运货铁路。

1881年，为了及时运输开平煤矿的煤炭，在清政府洋务派主持下，由开平矿务局负责集资成功在唐山和胥各庄之间修建了一条全长10千米的铁路。该铁路采用1.435米的轨距和每米15千克的钢轨，是中国最早的标准轨铁路。这是中国真正成功修建并保存下来加以实际应用的第一条铁路，从而揭开了中国自主修建铁路的序幕，中国的铁路建设进入一个快速发展时期。

（4）京张铁路：中国自主设计并建造的第一条铁路。

京张铁路是清政府排除英国、俄国等殖民主义者的阻挠，委派詹天佑为京张铁路局总工程师（后兼任京张铁路局总办）修建的。它连接北京丰台区，经八达岭、居庸关、沙城、宣化等地至河北张家口，全长约 200 千米，1905 年 9 月开工修建，于 1909 年建成，是中国首条不使用外国资金及人员，完全由中国人自行投资、设计、修建，投入营运的铁路。现该路线称为京包铁路（北京至包头），京张铁路为其首段。

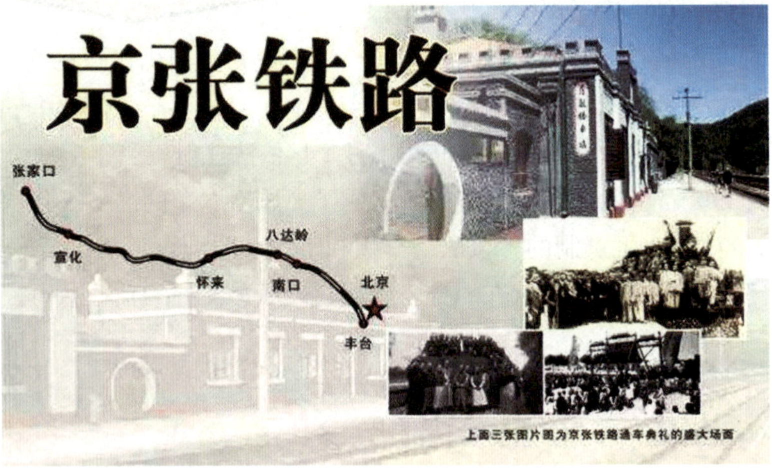

经过数十年的发展，到 1949 年新中国成立之时，中国铁路里程达到了 2.18 万千米。改革开放之后，铁路运输建设的不足，被认为是制约我国国民经济发展的一个重要原因，提出了火车发展的战略，到 2010 年，中国铁路总里程达到了 9.1 万千米。20 世纪末，我国开始投入高速铁路的开发和建设，最高的运营速度达到时速 350 千米，到 2018 年，高铁运营里程达到 25 000 千米，占全世界运营高铁的三分之二，以技术先进、安全可靠、运营经验丰富，整体持续领先世界。

四、汽车

（1）最早引进到中国的汽车。

1901 年，匈牙利人李恩时引进了两辆汽车在上海使用。第二年，袁世凯特意从香港进口了一辆汽车，进献给慈禧太后，作为其六十大寿的寿礼。光绪末年，进口的汽车开始不断出现在中国城市的街道上，但其主人非富即贵，或者是在华的西方人。

（2）中国制造的第一辆汽车。

中国第一个提出要造汽车的是孙中山，他在《建国方略》里呼吁急速行动建立汽车工业。1929 年，张学良在沈阳筹建民生工厂，他从美国购买了汽车，作为样车进行拆解和研究，花了两年时间终于成功制造了一辆民生牌 75 型汽车。这辆车除少数部件，如发动机曲轴等，是委托国外厂家依照本厂图样代制外，其余部件均由本厂自制。但是随着“九·一八事变”爆发，汽车制造计划受阻，没能进一步发展。

（3）中国最早成立的汽车制造厂。

1936 年，与德国奔驰合作的汽车工业公司在株洲设立总厂，在上海成立分厂组装中圆牌柴油货车和大客车。但是随着 1937 年日本全面侵华，造车事业再一次中断。1939 年在昆明建汽车厂，试制资源牌货车，但随后落入日军手中。

（4）中国第一辆国产货车。

新中国成立之后，汽车制造再次成为重点项目。1953 年，第一汽车制造厂在长春兴建，从而拉开了新中国汽车工业筹建工作的帷幕。

1956 年 7 月 13 日，长春第一汽车制造厂装配出第一辆解放牌汽车。14 日，装配出第一批 12 辆解放牌汽车，第一批国产汽车在欢声笑语和雷鸣般的掌声中徐徐驶出装配线。

世界上第一辆汽车是 1885 年诞生的，新中国成立前，在我国的公路上，就像开办“万国汽车展览”一样，行驶着 130 多种不同牌号的汽车，但却没有一辆是我国制造的。解放牌汽车的问世，标志着第一汽车制造厂的三年建厂目标如期达到，从此结束了中国不能制造汽车的历史，圆了中国人生产国产汽车之梦，开创了中国汽车的“解放时代”，标志着中国汽车工业的诞生。

(5) 中国人设计制造的第一辆轿车：红旗轿车。

1958年8月，党中央为新中国成立10周年庆典向一汽下达了制造国产高级轿车的任务。工人们以借来的1955型克莱斯勒高级轿车为蓝本，手工制作了一辆高级轿车。1959年10月1日，20辆崭新的红旗轿车在首都国庆庆典上亮相，引得国外媒体争相报道。它是中国一汽设计制造的世界级名牌轿车，也是中国人自己设计制造的第一辆轿车。

五、电车、公共汽车

最早的有轨电车出现于1899年的北京，由德国西门子公司修建，连接郊区的马家堡火车站与永定门。1900年四五月间义和团运动兴起，因马家堡火车站为英国人修建，马家堡火车站及英国人居住的小洋楼遭到义和团焚毁，史称“洋楼台事件”。与此同时，有轨电车也被砸烂，轨道被拆掉。

1904年香港开通有轨电车，此后设有租界或成为通商口岸的各个中国城市相继开通有轨电车。中国最早的公共汽车是有轨电车，于1908年3月5日在上海开通，开通第一天行驶6.04千米，从静安寺开到外洋泾桥上海总会。20世纪初引入无轨电车，1914年英商上海电车公司开辟了由郑家木桥至老闸桥的14路无轨电车，成为中国最早的无轨电车线路。

上海在1924年出现公共汽车，北京的公共汽车则出现在1935年。

六、民用航空交通

1840 年鸦片战争后，西方的航空知识传入中国，中国政府也派留学生出国学习航空知识和技术，并购买了热气球和飞机。1901—1911 年，曾有一些华侨和留学生从事飞机的设计制造和学习飞行技术，其中比较突出的是冯如。美国莱特兄弟制造飞机成功后，冯如深受影响，于 1909 年 9 月造出一架飞机，9 月 21 日试飞成功。

1918 年，北洋政府交通部成立了筹办航空事宜处，这是中国最早的民用航空管理机构。翌年从英国购买爱弗罗小飞机 2 架和汉德利・佩奇（24 座位大飞机）6 架，筹办京津、京沪、京汉和张家口至库伦（现乌兰巴托）之间的民用航线。1920 年 4 月 22 日京沪线的北京—天津段试飞成功，5 月 8 日正式开航，运载旅客和邮件。这是我国的第一条航线。

1928 年 6 月，国民党政府交通部开始筹办民用航空，到 20 世纪 30 年代中期已形成覆盖大半个中国的航空网。1936 年开通了我国第一条国际航线——广州到河内的航线。

新中国成立后，我国民用航空有了新发展。截至 2016 年，我国民航机场共 216 座；2018 年运输周转总量达 1 206 亿吨公里，旅客运输量达 6.1 亿人次。

第四节　江苏特色交通工具

一、乌篷船

江苏自古就有“江南水乡”之称，古镇的船娘能带你在江南水乡里徜徉，看尽小镇美景。有一只小船，没有豪华巨轮的高大宽阔，也非独木舟的原生原味，却在江南水乡中飘荡了上千年。它便是水乡的乌篷船，从过去荡到现在，荡进每一个江南人的心中，以至于成为一种象征着江南水乡的文化符号。

1. 历史起源

在过去，江南水乡的乌篷船特指那些用摇橹的“梭飞”和“三明瓦”之类的船只。这些船只构造十分精致，在船头雕刻有似虎头形象的动物“鹚”，其神态似在微笑，又有些可怖。民间传说，古越本是泽国，在塘闸未建之前，河流直通大海，“鹚”居海内，性嗜龙，龙见而避之，所以船民就把它的形象雕刻在船头上，使龙不敢作祟，行船可获安全。船头两侧，摆有两个雕着狮子的石墩，最考究的还用白铜制作。前舱下船要走几级扶梯，两边各有一块搁板，可放东西，这里铺上板，就可搭成看戏台；在前舱和中舱之间，设有书画小屏门，写有“寒雨连江夜入吴”“月落乌啼霜满天”一类的诗句，画有梅、兰、竹、菊之类的图案；靠中舱的两侧有“十景窗”，可摆书籍或糕点；后舱设有睡铺和炉灶。水乡景色迷人，旧时一些文人在船上或舞文弄墨，或行令猜拳，一饱眼福与口福。无论是结伴出游还是独乘一舟，乌篷船都不失为一种极好的交通工具。

2. 现代变革

坐乌篷船已经是现在江南水乡旅游的一大特色。目前，穿梭在各大景点之间的乌篷船大多是脚划船，船小可一人经营，灵活方便，有利于接客载人；船在运河上行驶犹如一叶扁舟，船底常常垫一些草席，游客上船后席地而坐，头顶离顶篷仅有二三十厘米，船尾坐一艄公，手脚并用，娴熟自得。乌篷船前进的动力来自艄公的双脚。艄公的脚用力蹬桨，船就稳稳地前进了，夹在艄公腋下划水的木桨是船舵，用它可以控制船的方向。坐满游客的乌篷船 ，船身“吃水”较深，游客的视线往往与船外的水面相差不多，乘这种船旅行，仿佛坐在平静的水面上，当船在城里行进时，眼前的高楼大厦与古朴的“八字”桥从身边和头顶“走”过，犹如在播放江南水乡风光的慢镜头。每当游船“漫步”在乡间水道时，两岸田埂与眼鼻接近，能不时闻到泥土和田间作物发出的芳香，使人心旷神怡。

二、火车

火车是现代最重要的交通工具之一。南沿江城际铁路开工，沪苏湖铁路项目获国家发改委批复，连淮扬镇铁路全线铺轨，连盐铁路开通进入倒计时……近期，江苏铁路建设热点频现，铁路建设掀起高潮。让我们来看看江苏铁路从过去到现代的缩影。

1. 过去——浦口火车站

浦口火车站始建于清光绪三十四年（1908），1914 年建成通车，是

当年津浦铁路的终点，是连接河北、山东、安徽、江苏等11省的交通枢纽。在中国铁路百年史上，浦口火车站和津浦铁路占有很重要的地位。它是清政府借款修建的最长的一条铁路，而浦口火车站是它南端的终点。浦口历来为南北交通的要冲，是接通大江南北的咽喉之地，在长江大桥未通车前，浦口火车站则是这咽喉的象征。车站大楼坐落在浦口江边，远瞰南京下关，平吞江濑，实为浦口境内一大观。

“我看那边月台的栅栏外有几个卖东西的等着顾客。走到那边月台，须穿过铁道，须跳下去又爬上去。父亲是一个胖子，走过去自然要费事些。我本来要去的，他不肯，只好让他去。我看见他戴着黑布小帽，穿着黑布大马褂，深青布棉袍，蹒跚地走到铁道边，慢慢探身下去，尚不大难。可是他穿过铁道，要爬上那边月台，就不容易了……”

朱自清著名散文《背影》的发生地，就位于江苏省南京市的浦口火车站——中国唯一保存民国特色的火车站，唯一完整保留中国历史风貌的“百年老火车”，被评为中国最文艺的九个火车站之一。

2. 现代——铁路成网

在百年前的《建国方略》中，孙中山先生构想了这样的宏伟蓝图：要建设 16 万千米铁路，沟通全国。在他看来，只有把铁路发展好了，才能“振兴中华”。百年之后，孙中山先生的这个蓝图早已实现，在中国人民手中，铁路创造出的成就远超想象。

20 世纪早期的筑路热潮，在 20 世纪 30 年代后渐渐平息，此后七八十年，江苏铁路基本没有增加长度。就连沪宁线复线也在 20 世纪 80 年代才建成。

进入 21 世纪，新长铁路和宁启铁路在江苏大地画了一个漂亮的十字形。随着沪宁高铁、京沪高铁、宁杭高铁相继建成，江苏铁路进入快车道。2017 年江苏铁路营运里程 2 791 千米，其中高铁 846 千米。目前、已竣工、在建和拟建的铁路项目包括连盐铁路、青连铁路、沪通铁路、连镇铁路、徐宿淮盐铁路、连徐铁路、盐通铁路、沪苏湖铁路、南沿江铁路、北沿江高铁、通苏嘉铁路、盐泰锡常宜铁路、合肥至新沂铁路、镇江至宣城铁路等十几条，总里程约 1 700 千米，总投资规模约 2 600 亿元。在和铁路第一次亲密接触近一个半世纪后，江苏铁路步入精耕细作时代，高铁将覆盖 80%以上的县城，尤其是苏北，铁路获得史无前例的发展，一个“轨道上的江苏”呼之欲出。

江苏铁路成网，拉近长三角各个城市之间的时空距离，为长三角区域一体化提供强有力的基础设施支撑，同时，长江经济带向西部的辐射能力将更强。

3. 地铁——遍地开花

目前，南京地铁多线建成，苏州、无锡轨道交通也已开通运营，常州在建。江苏长江以南城市轨道交通建设已初具规模，长江以北城市也在提速中。

近一段时间以来，南通、淮安等地轨道交通项目均有新进展，扬州、盐城等地也是“跃跃欲试”。包括正在建设中的徐州地铁，轨道交通规划建设已在江苏全省“遍地开花”，这在全国范围并不多见。

2019 年常州地铁 1 号线一期工程将试运行。作为全国第 29 个、江苏省第 4 个获批建设城市轨道交通的城市，常州 2014 年 10 月开工建设贯通城市南北、里程 34.2 千米的 1 号线一期工程。2017 年 2 月，19.8 千米的 2 号线一期工程开工，常州地铁进入“双线叠加”建设期，预计 2020 年通车。

2013 年 2 月 22 日，徐州市成为苏北第 1 家、全国第 35 家获批建设轨道交通的城市。根据近期规划方案，将建设 3 条地铁线路，包括 1、2、3 号线一期工程，总长度 67 千米，其中地下线 60.6 千米，总投资约 443 亿元。

作为全国第 37 个、江苏省第 6 个获批建设轨道交通的城市，南通开工建设 1 号线地铁工程。其长约 39.1 千米，设站 28 座。该工程贯穿南通通州、港闸、崇川、开发区 4 个区，可实现与沪通铁路南通西站无缝对接。

地铁作为新时代盘活城市交通最有效的手段，对于改善民生和城市发展的作用都是巨大的，随着城市发展，地铁建设也必不可少。

第五节　趣味小故事

一、汉字“车”的字形演变

车，在甲骨文中写作，像某种器械两边各有一个轮子，中间是“甲”形的厢体，表示保护性的设备，人在厢体中可以避免受到攻击。推测最早的“车”是为战争发明的，用于步兵对阵中创造特殊的攻防优势：利用牛马等力畜强大的爆发力和持久的耐力，“车”可以快速进入并脱离敌方阵地，加上“车”的厢体提供某种“装甲”保护，手持戈戟的“车厢战士”可以居高临下攻击步兵，大大提高攻击威力和防御效果。到春秋战国时代，“车”在大型车战中已成为胜负关键。正是战争的强大驱动力使战车迅速进化成民用的运输、交通工具。有的甲骨文加轭具，表示依靠畜力拉动。有的甲骨文省略箱体，也省略轭具，突出“车”的“转轮”特征。金文字形多样化，有的金文、，强调轭具、；有的金文，在甲骨文简体字形基础上继续简化，以一轮代两轮。籀文加“戈”，字形像两辆武装战车、戈戟相接。篆文，承续简体金文字形。简体楷书，利用草书字形整体简化，“田”字形的轮形消失。

由此我们可以看到：古人战车的轮子很大，车身很小，为了便于记录，就把车轮子作为“车”字的主要部分创造出象形字，并在象形字的最上头划出几条曲线，象征战车上的旗帜；后来逐渐简化舍去上头的曲线而形成中间是圆形的篆字；随着隶书的出现，中间演变成田字形的“車”；新中国成立后才进一步简化成现在的“车”。

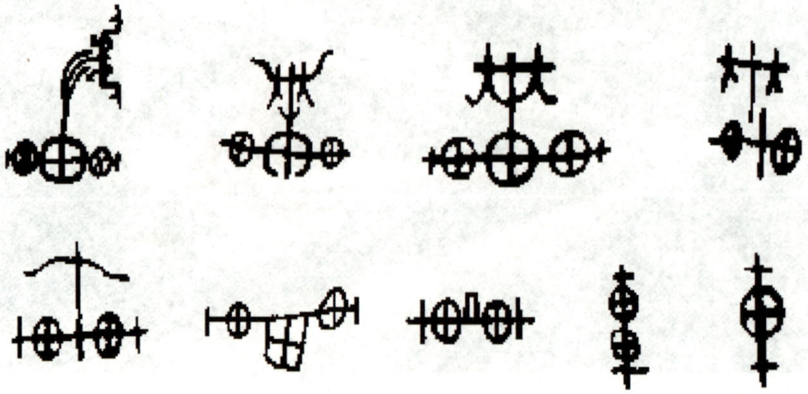

二、交通工具发展的三个时代

1. 古代时期

最原始的交通工具是人的双脚，然后人类驯服一些动物如马、驴子等作为乘坐工具或乘坐工具的动力（如马车），与此同时，轿子和以风作为动力的帆船也作为一种交通工具与畜力交通工具长期并存。

以人力、畜力和风力作为动力的交通工具占据了人类历史的绝大部分时间。

2. 蒸汽和内燃时期

蒸汽阶段为英国产业革命时期，代表性的交通工具为蒸汽火车、蒸汽轮船等，现在已经基本被淘汰。

中国的蒸汽火车现在已正式退出历史舞台，柴油机、汽油机等均为内燃机阶段的产物，交通工具体现为汽车、摩托车、拖拉机等，现在大部分的机动车辆的动力都是内燃机。蒸汽、内燃阶段的理论基础为能量转化定律。

3. 电气自动化时期

电磁感应定律、电与磁之间的相互转化为电动车的发展奠定了理论基础。电动机、发电机等均为这阶段的基础设备。

电动车的发明及迅速的商品化使得电动车站在了汽车、摩托车等现有交通工具的肩膀上，造就了电动车无与伦比的历史使命，并最终成为上述产品的升级换代产品。

三、“马拉火车”的故事

1877 年，为了解决轮船招商局和北洋舰队的用煤问题，在唐山开平建煤矿，唐山距天津 120 千米，运输很麻烦，而且运费也高。如果用火车运煤，既可以减少运输上的麻烦，还可以降低成本。但因资金不足，拟先筑唐山至胥各庄一段铁路。李鸿章同意这一计划，于 1879 年向清廷奏准，并派英国工程师金达督修。但顽固派借口铁路奔驰会“震动陵寝”而大加反对，第一次筑路尝试就此失败。李鸿章授意再次奏请修建运煤轻便铁路，声明为免于震动东陵，不用机车，而用骡马牵引。李鸿章并为此在清廷中积极斡旋，最后，清政府在极度不愿意的情况下允许筑路。于是，筑路工程于

1881 年初动工，11 月工程竣工，这就是我国第一条自建铁路——唐胥铁路。

四、中国第一车

我国现在保存最早的汽车——存放在颐和园的慈禧太后的座驾，被人冠以“中国第一车”的美名。这是袁世凯 1902 年从香港购买赠给慈禧的厚礼。

其时，慈禧经历了庚子年间八国联军之乱，偕同光绪皇帝微服逃至西安避乱，直至签订了屈辱的《辛丑条约》后才回到北京。此次，慈禧对袁世凯护驾有功甚为欣赏，晋升他为直隶总督。袁世凯更是感恩戴德，为取悦慈禧，就进贡了这辆时髦的名牌洋车。

该车是德国本茨公司 1898 年的产品，设有 4 个座位，发动机在前排底座下方，通过链条驱动后轮。汽车的造型还算气派，但谈不上豪华，采用开式车身，6 根垂直的杆子支起一个精美的顶棚，车头还挂着两盏精美的黄铜煤油灯，更为出色的是钢板弹簧悬架和 4 只充满气体的轮胎大大提高了汽车的平稳性。

尽管袁世凯为这件供品费尽心思，但慈禧并不喜欢，黑色的车身在西方人眼里虽然显得威严庄重，但比不上她心目中象征至高无上皇权的金黄色，汽车座位的式样和侧面的线条很容易使人联想起当时在中国已逐渐盛行的黄包车，汽车后面的座位较高，慈禧穿着 3 寸高底的旗鞋实在无法爬上去，侍从好不容易才把她抬上去，在宫廷内到处是高大的门槛使汽车无法行驶，而在宫廷外，这辆车也远不如前呼后拥的十六抬大轿显得威风凛凛。更令“老佛爷”不能容忍的是，驾驶员竟然大模大样地坐在她前面，让她感到有失体面，于是她下令驾驶员孙长富跪着给她开车……这辆车是文物，也是反映当时历史的一面镜子。

第六节　拓展延伸

一、手工折轮船

下面是纸轮船具体的折叠步骤。

是不是很简单？大家快动动手吧！

二、手工赛车

材料：牙膏盒、四个小瓶盖、双面胶、剪刀、橡皮泥、吸管。

步骤：

（1）在制作之前，准备好牙膏盒、四个小瓶盖、双面胶、剪刀、橡皮泥、吸管等工具。

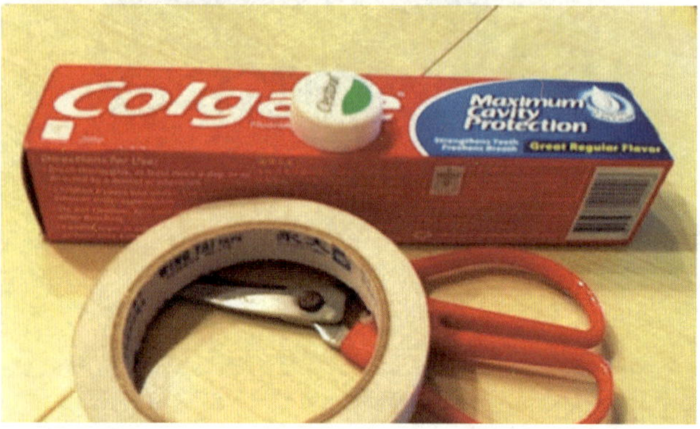

（2）用剪刀将牙膏盒裁剪成如下图所示的那样子。

（3）使用双面胶对其进行固定，再用多余的纸片来制作车的头部和尾部。这步完成后的效果如下图所示。

（4）制作车轮。方法是：把橡皮泥塞到瓶盖里，然后将用吸管做好的轮轴安装好。因为车至少要四个车轮，所以再制作一个。

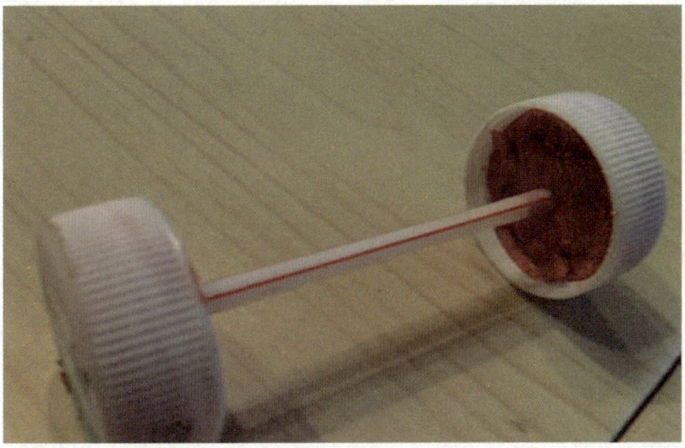

（5）车轮做好后，把车轮固定在车身上。如下图所示。

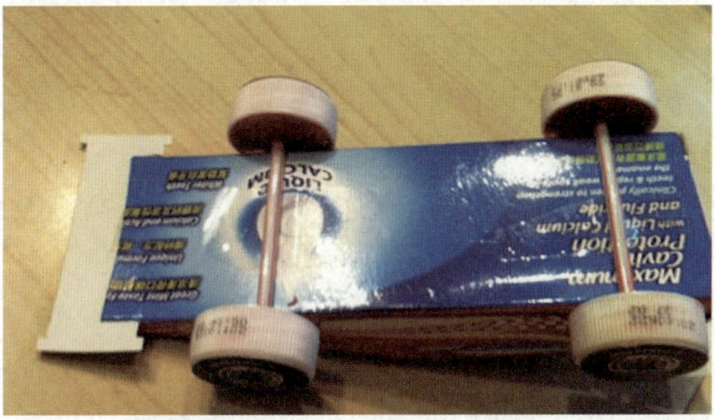

（6）固定好后，翻过来看看，小赛车就制作好了。

参考文献

1. 陈玉红. 基于江苏传统服饰技艺的民族服饰品牌文化形象建立途径探索. 天津纺织科技，2016（7）.

2. 张卓然. 浅析中国传统元素在现代服装设计的应用. 美术教育研究，2011（10）.

3. 赵荣光. 中国饮食文化概论. 2版. 北京：高等教育出版社，2008.

4. 何跃青. 中国饮食文化. 北京：外文出版社，2013.

5. 吴澎. 中国饮食文化. 北京：化学工业出版社，2009.

6. 胡自山. 中国饮食文化. 北京：时事出版社，2006.

7. 新加坡亚太图书. 中华饮食的故事. 贵阳：贵州教育出版社，2011.

8. 刘桂荣. 食物养生全书. 南京：江苏科学技术出版社，2011.

9. 蔡露. 食美：饮食艺术. 沈阳：辽宁大学出版社，2011.

10. 郑若葵. 中国古代交通图典. 昆明：云南人民出版社，2007.

11. 李楠. 中国古代交通. 北京：中国商业出版社，2015.

12. 徐潜. 中国古代陆路交通. 长春：吉林文史出版社，2014.

13. 徐潜. 中国古代水路交通. 长春：吉林文史出版社，2014.

14. 王其钧. 中国建筑史. 北京：中国电力出版社，2012.

15. 林徽因. 中国建筑常识. 北京：北京理工大学出版社有限责任公司，2017.

16. 安藤忠雄研究室. 建筑师的20岁. 王静，等，译. 北京：清华大学出版社，2005.

17. 雷从云，陈绍棣，林秀贞. 中国宫殿史（修订本）. 天津：百花文艺出版社，2008.

18. 周立. 中国近现代建筑艺术风格流派分析. 艺术百家，2008(8).

19. 杨永生，刘叙杰，林洙. 中国近现代建筑五宗师. 武汉：华中科技大学出版社，2018.

图书在版编目（CIP）数据

中华优秀传统文化/尤根地，张寿奎，王永成主编．—北京：中国人民大学出版社，2019.6
中等职业教育通用基础教材系列
ISBN 978-7-300-26967-2

Ⅰ.①中… Ⅱ.①尤…②张…③王… Ⅲ.①中华文化-中等专业学校-教材 Ⅳ.①G634.301

中国版本图书馆 CIP 数据核字（2019）第 092121 号

中等职业教育通用基础教材系列
中华优秀传统文化
主　编　尤根地　张寿奎　王永成
Zhonghua Youxiu Chuantong Wenhua

出版发行	中国人民大学出版社		
社　址	北京中关村大街 31 号	邮政编码	100080
电　话	010－62511242（总编室）		010－62511770（质管部）
	010－82501766（邮购部）		010－62514148（门市部）
	010－62515195（发行公司）		010－62515275（盗版举报）
网　址	http://www.crup.com.cn		
经　销	新华书店		
印　刷	北京瑞禾彩色印刷有限公司		
开　本	787 mm×1092 mm　1/16	版　次	2019 年 6 月第 1 版
印　张	9.25	印　次	2023 年 8 月第 12 次印刷
字　数	152 000	定　价	33.00 元